CRUZANDO EL ATLÁNTICO
LA OBRA MISIONERA DE PENTECOSTALES NORUEGOS
EN LAS AMÉRICAS

Cruzando el Atlántico

La obra misionera de pentecostales noruegos en las Américas

Geir Lie

CPT PRESS
Cleveland, Tennessee

Cruzando el Atlántico
La obra misionera de pentecostales noruegos en las Américas

Publicado por CPT Press
680 Walker Street NE
Cleveland, TN 37311, USA

correo: cptpress@pentecostaltheology.org

ISBN: 9781953358615

Copyright @ 2025 Nelson Serrano García

Ninguna parte de esta publicación puede reproducirse, almacenarse en un sistema de recuperación o transmitirse en ningún formato electrónico, sin el permiso previo del titular de los derechos de autor.

TABLA DE CONTENIDO

Prefacio vii
Introducción 1

Capítulo 1
Se envían misioneros pentecostales noruegos 7
    El comienzo del pentecostalismo en Noruega 10

Capítulo 2
Argentina 23
    Misioneros pentecostales suecos 28
    Erling y Alvina Andresen 28
    Afluencia constante de nuevos misioneros 34
    Misioneros de las Asambleas Evangélicas Libres 41

Capítulo 3
Brasil 47
    Misioneros de las Asambleas Evangélicas Libres 54
    Misioneros de *New Life Mission* 60

Capítulo 4
Paraguay 61

Capítulo 5
Chile 73

Capítulo 6
Bolivia y Perú 81
    Perú 92
        Misioneros de *Maran Ata* 101

Capítulo 7
México, Centroamérica y el Caribe 103
    México 103
        Oslo Kristne Senter con sucursales en México 105
    Guatemala 105
    Honduras 106
    Nicaragua 108

Cuba 110
　　Puerto Rico 110
Capítulo 8
Más allá de América Latina 113
　　Alaska 113
　　Trinidad 114

Bibliografía 116
Apéndice: Misioneros 142

Prefacio

Hace unos años, Harold Hunter, un amigo norteamericano, me presentó a Geir Lie. Me dijo muy específicamente: "Quiero que conozcas a este hermano. Él es un teólogo noruego dedicado a las misiones transculturales. Su amistad te hará muy bien" y, ni hablar, con el correr del tiempo, conocí mejor a Geir y, en efecto, su amistad y compañerismo han sido una bendición para mí, no sólo el aspecto profesional, sino en algunos proyectos que luego emprendimos juntos. Bien han hecho algunos colegas misioneros al llamarlo "El Noruego Latino."

En enero 2019, ambos estuvimos de acuerdo en comenzar la publicación del Boletín Hechos, que vino a ser único en su género académico y, por su contenido bíblico, teológico y ministerial de gran ayuda para los lectores contemporáneos. Por seis años Geir y yo pudimos publicar doce volúmenes que narraron la experiencia pentecostal de escritores latinoamericanos al resto del mundo. Sin duda, este proyecto causó interés, especialmente entre los teólogos jóvenes por publicar sus ideas a través de Hechos. Además de esa publicación, también tuve el honor ser servir como editor de su *Panorama del Nuevo y Antiguo Testamentos*, volúmenes que ahora están disponibles al público interesado en estos temas.

Ahora que Geir publica esta obra, para contar la historia de las misiones noruegas en América Latina, el público de esta región tendrá la oportunidad de conocer algunas de las fuentes primarias que establecieron las misiones pentecostales en este continente. Personalmente conocí a algunos misioneros noruegos en mi país, Honduras, quienes fueron claves en el fortalecimiento de las misiones pentecostales de aquel país. Esto sucedía allá por los años 1970's y ha continuado hasta hoy. La obra creció y las nuevas generaciones han expandido la misión en todo el país y más allá.

Es más, por algunos artículos publicados en el Boletín Hechos, he leído sobre las misiones noruegas en Brasil, Argentina, Bolivia, Perú, Cuba y los demás países del área. Es impresionante ver cómo el Espíritu Santo motivó y abrió camino para que varios misioneros noruegos plantaran iglesias y centros de entrenamiento pastorales en América Latina.

Al escribir estas líneas tengo la convicción de que través de este volumen el lector podrá ver un modelo de misión transcultural que involucra a pentecostales noruegos y norteamericanos en la plantación de iglesias en los diferentes países de Centro y Sudamérica. Ojalá que la esperanza de Geir, al publicar esta obra, sirva para inspirar a otros a realizar más investigaciones sobre el trasfondo histórico de las iglesias pentecostales en América Latina, preferiblemente con un enfoque histórico y sociológico a la vez.

Junto con el autor, espero que este volumen sea leído con interés positivo, no solamente por los noruegos, sino también por los pentecostales latinoamericanos. Esto podría contribuir con la documentación de la historia del pentecostalismo en la región. Las generaciones pentecostales emergentes necesitan conocer su historia. Con todo lo dicho, quiero decir, gracias, Geir Lie, por esta contribución al pentecostalismo noruego y latinoamericano.

Miguel Alvarez, PhD

Introducción

Durante muchos años, Noruega fue conocida como "el país líder en el envío de misioneros en proporción a su población."[1] Esto ha hecho que sea un placer aún mayor trabajar en este libro, comenzando con la lectura año tras año de *Korsets Seier* y *Det Gode Budskap*. La curva de aprendizaje ha sido pronunciada, ya que inicialmente tenía un conocimiento limitado de las contribuciones de los misioneros pentecostales noruegos a la historia de la iglesia en las Américas.

Las descripciones de misiones en épocas anteriores, a menudo con un enfoque particular en las exóticas diferencias entre la vida en su tierra natal y lo que aguardaba en el campo misionero, fácilmente podían desdibujar las líneas entre un llamado misionero y un deseo de viajar o de una aventura. Estas representaciones también contribuyeron a generar expectativas poco realistas sobre lo que constituía la vida diaria de un misionero tradicional.[2] Laila y Oddvar Bauge, enviados a Bolivia en 1979, ilustran algunos de estos desafíos:

> La mejor manera de prepararse es hablar con misioneros mayores y experimentados, y eso es lo que hicimos. También leímos relatos de viajes y otra literatura. Algunos de los libros fueron útiles, mientras que otros eran demasiado aventureros y poco realistas. [...] A menudo uno tiene ideales muy elevados para los

---

[1] "Norge er ikke lenger verdensmester i misjon." *Korsets seier* el 25 de julio de 1997 p. 24.

[2] "En las historias, la información geográfica se mezcló con la etnología y la historia y se compuso para resaltar emociones fuertes. Esta era la mejor manera de recolectar obsequios monetarios. Más tarde, cuando conocí las condiciones, me parecieron desagradables. Ustedes pueden perdonarme si hoy puedo decir que poco de las historias misioneras se correspondía con la realidad." Tarald Rike, *Blyfoten. Historien om misjonær Leif Andersen* (Hovet: Hermon Forlag, 1993), p. 14.

misioneros, pero no nos llevó mucho tiempo darnos cuenta de que ellos también son simplemente personas. También hubo decepciones, principalmente por no poder estar a la altura de nuestros propios ideales. Pero conocer a los misioneros fue interesante en muchos sentidos. El ambiente incluía muchas personalidades fuertes y coloridas, y las condiciones eran buenas. Sin embargo, el trabajo implicó tareas más prácticas de las que habíamos previsto antes de la partida. A veces uno podría fácilmente dedicar más tiempo a reparar motores que a predicar.[3]

Por supuesto, este libro no está completo, en parte porque cada autor debe ser selectivo en términos de material y énfasis. El libro se centra en los misioneros pentecostales noruegos en las Américas. Este enfoque tiene sus limitaciones, las cuales espero que otros aborden en futuras publicaciones. Me refiero específicamente al hecho de que las contribuciones significativas de los colaboradores nacionales apenas se mencionan en este libro, ya sea Bruno Müller (1939–77),[4] nacido y criado en Paraguay, o su compatriota Milton Laranjera, quien en un momento trabajó con Anna Strømsrud,[5] o el matrimonio Martha y Juan José ('Tito') Risotto de Argentina.[6] Muchos más podrían y deberían ser reconocidos y acreditados.

Para proporcionar una perspectiva más precisa de las misiones pentecostales noruegas en las Américas, este libro debe complementarse con una versión alternativa, basándose en fuentes disponibles o mediante entrevistas con líderes pentecostales actuales en los países aquí analizados.[7] Varios líderes importantes de América

---

[3] Einar Vestvik, "Møtet med folk og kultur i Bolivia sjokkartet." *Korsets seier* el 17 de febrero de 1982 p. 9.

[4] Para más información biográfica, cf. Inge Bjørnevoll, "Bruno Müller til minne." *Korsets seier* el 18 de enero de 1978 p. 14.

[5] Ingebjørg Tveito, "Misjonærene i Paraguay trenger hjelp." *Korsets seier* el 31 de enero de 1968 p. 8.

[6] El matrimonio llegó desde la zona de Buenos Aires y fueron de gran ayuda en la misión en el norte. Cuando los misioneros regresaban a Noruega, muchas veces se hacían cargo de lugares como Tartagal, Salta, San Pedro de Jujuy e Ingeniero Juárez. Se les dio el estatus de misioneros y contaron con el apoyo de Brevik/Stathelle durante muchos años.

[7] "Totalmente correcto", como escribe G. Leonard Pettersen, "una visión general así no puede ser, y por muchas razones. Nuestro trabajo hoy está relacionado con la mayoría de los otros campos misioneros y fluye directamente hacia las congregaciones nacionales que han surgido gradualmente y que son dirigidas por los hermanos nacionales. Será difícil llevar estadísticas sobre la 'misión

Latina han visitado Noruega y se puede encontrar alguna información biográfica sobre ellos en *Korsets seier* y *Det gode Budskap*. Sospecho, sin embargo, que para dar a estos colaboradores y líderes nacionales la atención y el reconocimiento que merecen, se deben buscar fuentes primarias en sus países de origen. Los autores nacionales probablemente estén mejor calificados para complementar mi contribución a la historia pentecostal en sus respectivos países.

Otra debilidad de este libro es que no cubre las contribuciones de los misioneros pentecostales emigrantes noruegos, en particular los noruegos-estadounidenses. *Flower Pentecostal Heritage Center* de las Asambleas de Dios en Springfield, Missouri, el archivo pentecostal más grande del mundo, que alberga fuentes en más de 170 idiomas, contiene una gran cantidad de material sobre los pentecostales noruego-estadounidenses, incluidos los misioneros. Un libro dedicado a las contribuciones noruego-estadounidenses a las misiones pentecostales debería basarse precisamente en las fuentes disponibles principalmente en Springfield.

Tampoco ha sido natural dedicar mucha atención a los noruegos que han realizado visitas breves a estaciones misioneras noruegas, ya sea como amigos, familiares o representantes del movimiento pentecostal de Noruega. Además de estos, hay misioneros de corto plazo que pueden haber viajado por iniciativa propia[8] o a través de *Team Action*, iniciado por Helge Adolfsen, así como creyentes individuales que pasaron períodos más cortos o más largos en América Latina y pueden haber estado involucrados en actividades

---

noruega', algo que no lamentamos en absoluto." Y aun así, en 1970 había 65 misioneros en América Latina, más de 20 estaciones misioneras y más de 80 iglesias anexo. También tenían cuatro enfermerías y el año anterior hubo alrededor de 18.000 tratamientos. Además, había cuatro orfanatos, cuatro escuelas y dos internados, así como misiones fluviales en Bolivia y Perú. Además, se transmitieron programas de radio evangélicos en más de 20 estaciones. En continuación con la obra relacionada con los programas de la radio, también se impartieron cursos bíblicos por correspondencia. Pettersen afirma que sólo en 1969, más de 2.000 personas fueron bautizadas como creyentes bajo los auspicios de la misión de *Pinsebevegelsen*, la denominación pentecostal más grande en Noruega, y muchos trabajadores nacionales estaban conectados a esta obra. "Norsk pinsemisjon representert i 7 land: Sterk utvikling i Latin-Amerika." *Korsets seier* el 25 de julio de 1970 p. 8.

[8] Una noruega en la tercera edad con conexiones con *Sarons Dal* incluso ha escrito un libro sobre sus estancias de breve duración en Puerto Rico durante el período 1988-91. Ruth Gylthe, *Frie fanger. Blant fanger og uteliggere på Puerto Rico* (Kvinesdal: Logos forlag, 1992).

congregacionales sin tener un estatus misionero formal.⁹ Estos aspectos se abordarán sólo mínimamente, si es que se abordan, en este libro. Esto también significa que el libro se centra en la misión pentecostal noruega hasta que la obra se independiza en gran medida y los misioneros se equipan en mayor medida con los trabajadores nacionales. En muchos países de misión, esta tendencia surgió en la década de 1970, coincidiendo con un énfasis constante en la necesidad de un nuevo tipo de misioneros:¹⁰ compañeros que apoyan el trabajo nacional, ayudando con la enseñanza, y que asumen responsabilidad en proyectos apoyados por *NORAD* o son nuevos pioneros en lugares donde el evangelio se ha predicado en pequeña medida, si es que se ha predicado en el pasado. Entonces también se puede decir que el hecho de que el libro no proporcione ninguna descripción sistemática de los muchos proyectos que se han canalizado a través de la Misión de *Pinsebevegelsen* en Noruega (PYM)¹¹ representa otra debilidad. Por ejemplo, en 1995, el financiamiento de *NORAD* para proyectos latinoamericanos ascendió a NOK 7,2 millones, distribuidos en 12 o 13 proyectos diferentes. Seis de ellos estaban en Paraguay, cinco en Bolivia, uno en Perú y uno en Nicaragua. Algunos eran proyectos de salud, mientras que otros se centraban en educación o agricultura.¹²

---

⁹ Eldbjørg y Vidar Børjesson, antiguos padres del internado de la escuela noruega en Paraguay y más tarde profesores de la escuela *Hedmarktoppen*, han sido los iniciadores de los *Global Mission Camps*, bases "donde los voluntarios pueden vivir y ayudar en proyectos locales durante períodos más cortos o más largos." Rakel E. Berntzen y Kristin B. Karlsen, "En verden av muligheter." *M2 Misjonsmagasinet* no. 2 2013 pp. 16-7. Suplemento a *Korsets seier* el 17 de mayo de 2013.

¹⁰ Puede resultar difícil distinguir entre lo que debería definirse adecuadamente como misioneros y cristianos comprometidos que viven en el extranjero durante un tiempo más corto o más largo. Este libro no se centra en los misioneros a corto plazo, ya sea si uno es enviado formalmente por (1) *Pinsebevegelsen*, las Asambleas Evangélicas Libres o posiblemente otras denominaciones pentecostales o (2) organizaciones misioneras interdenominacionales como Juventud con una Misión, Operación Movilización, u otros.

¹¹ En 1996, *Stiftelsen Pinsevennenes Ytre Misjon* se disolvió y se convirtió en una asociación llamada *Norske Pinsemenigheters Ytre Misjon*, con su propia junta de cinco representantes, además de los antiguos presidentes de los comités de trabajo.

¹² "Store beløp til Latin-Amerika." *Korsets seier* el 27 de septiembre de 1996 p. 16. Una revisión sistemática de todos los proyectos apoyados por *NORAD* no sólo en América Latina, sino a nivel mundial y bajo los auspicios de *Pinsebevegelsen* y Las Asambleas Evangélicas Libres en Noruega, merece un libro aparte.

América Latina me ha fascinado desde principios de los años 1980, y durante un tiempo formé parte del grupo hispano en la Iglesia Salem en Oslo. Este grupo se estableció en 1980 y, durante períodos prolongados, ha sido dirigido por misioneros que estaban de gira en Noruega.[13] En 1980, el número de misioneros en América Latina que representaban a *Pinsebevegelsen* en Noruega era aproximadamente 90, lo que representaba el 30% del número total de misioneros de *Pinsebevegelsen* ese año.[14] Naturalmente, surgen preguntas al respecto, como qué procesos de selección se llevaron a cabo y qué se debería haber implementado. Sin trivializar las acciones ilegítimas—algunas legítimamente criminales—no es sorprendente, considerando el alto número de misioneros enviados tanto por *Pinsebevegelsen* como por las Asambleas Evangélicas Libres, que ocasionalmente se enviaran misioneros que, en retrospectiva, tal vez no deberían haber sido autorizados para tales asignaciones.

Muchos niños y jóvenes han tenido experiencias positivas,[15] mientras que otros han tenido experiencias mixtas, a veces desgarradoras, como estudiantes en nuestras escuelas y/o internados.[16] Esto también es el caso en América Latina. Estos asuntos,

---

[13] Geir Lie, "Spansk- og portugisisktalende menigheter i Norge: En rapport" en Lemma Desta y Stian Sørlie Eriksen, eds., *Migrasjon og misjon: Refleksjon og praksis* (Oslo: Norges Kristne Råds Skriftserie – No. 24), pp. 59-69.

[14] "Sør-Amerika – feltet med 30% av våre misjonærer." *Korsets seier* el 12 de abril de 1980 p. 1. El elevado número de misioneros que han trabajado en América Latina también significa que está fuera del alcance de este libro dar una descripción detallada de todos ellos. Un apéndice separado enumera a los misioneros, pero el libro como tal solo sigue un número selectivo del trabajo específico de solo algunos misioneros.

[15] Hilde Stuksrud, "Misjonærbarn i Atyra: Vi trives bedre i Sør-Amerika enn i Norge." *Korsets seier* el 12 de abril de 1980 p. 9.

[16] En 1983, la escuela noruega en Paraguay tenía 18 alumnos divididos en nueve grados, y de ellos, siete de los niños tenían sus padres en Argentina y uno de los niños tenía padres tan lejos como en el norte de Bolivia: "Aquí [los niños misioneros] forman lazos de amistad con otros niños noruegos que más adelante en la vida resultan ser muy fuertes. Pero muchos probablemente también han llorado hasta quedarse dormidos de vez en cuando, extrañando a su madre y a su padre." Por supuesto, era "difícil para los misioneros enviar, por ejemplo los niños de primer grado a millas de distancia de casa," pero probablemente no se entendió lo dañina que tal separación ha sido para los niños en ese momento.. Aina Førland, "Jeg er verdens heldigste, for jeg treffer mamma og pappa hver helg!" *Korsets seier* el 12 de octubre de 1983 p. 7. Cf. también Ole Mats Gjervoldstad, "Misjonærbarn og internatbarn." *Korsets seier* el 3 de agosto de 2007 p. 17. Quizás en respuesta al artículo de Gjervoldstad, el entonces secretario general del *PYM*, Svein Jacobsen,

sin embargo, no serán un área de enfoque en este libro, que busca principalmente proporcionar un relato introductorio descriptivo de la contribución de los misioneros noruegos a largo plazo a la historia de la iglesia en los países donde hemos estado representados.

Tengo la esperanza de que este libro pueda inspirar a otros a realizar investigaciones más profundas, centrándose ya sea en naciones o misioneros individuales y preferiblemente con un enfoque tanto histórico como sociológico. Por lo tanto, espero que el libro sea leído con interés positivo por los pentecostales noruegos y que versiones en español y portugués puedan atraer un interés similar entre los lectores latinoamericanos, por ejemplo, personas interesadas en escribir la historia pentecostal de su propio país y donde las fuentes relevantes sobre los misioneros pentecostales noruegos no han estado disponibles en su propio idioma.

Quiero expresar mi profunda gratitud a *Pinsebevegelsen* en Noruega por el inestimable apoyo que me han brindado, sobre todo por su interés positivo durante todo el proceso y sus valiosos comentarios durante la fase de redacción. Por supuesto, soy el único responsable del resultado final, incluidos posibles errores o malentendidos.

---

admitió que hace 15 o 20 años el respeto por la propia vocación era "tan abrumador que a menudo podía eclipsar las necesidades humanas." A menudo los niños simplemente los acompañaron [a sus padres], sin que nadie hiciera las preguntas críticas." Lars Christian Gjerlaug, "PYM vil høre fra misjonærbarna." *Korsets seier* el 22 de junio de 2007 pp. 2-3.

1

SE ENVÍAN MISIONEROS PENTECOSTALES NORUEGOS

Ni durante la Reforma ni durante el período de consolidación de las enseñanzas doctrinales que se conoce como la Ortodoxia, nadie se preocupó por el concepto de misiones. En la medida en que se abordó esto, no era inusual afirmar que la asignación misionera en sí ya se había completado en la era apostólica - y con el supuesto apoyo en la epístola de Pablo a los Romanos, capítulo 10 y versículo 18: "Pero digo: ¿No han oído? Antes bien, Por toda la tierra ha salido la voz de ellos, Y hasta los fines de la tierra sus palabras." No fue hasta el siglo XVII que se "articula" el concepto de misiones, aunque todavía pasa tiempo antes de que este concepto se "traduzca en acciones prácticas."[1]

Es interesante observar que es el rey Federico IV (1671-1730) de Dinamarca-Noruega quien toma la iniciativa del cambio, y su predicador pietista de la corte, Franz Julius Lütkens, pide "candidatos misioneros adecuados" para la entonces colonia danesa de Trankebar en India. Los dos primeros misioneros pietistas alemanes, Bartholomäus Ziegenbald y Heinrich Plütschau, llegan allí en julio de 1706. Esto, a su vez, conduce a un despertar misionero masivo entre los pietistas luteranos alemanes, tanto entre los moravos como entre los pietistas de Halle.[2] Ziegenbald y Plütschau son verdaderos pioneros en el hecho de que eso transcurrió casi 90 años antes de que el ministro bautista británico William Carey, a menudo llamado el fundador del movimiento misionero moderno, con su esposa e hijos,

---

[1] Geir Lie, *El pueblo de Dios a través de los siglos. Una narración selectiva* (Cleveland, TN: Cherohala Press, 2024), p. 65.
[2] Lie, *El pueblo de Dios a través de los siglos* pp. 65-7.

dejara su tierra natal y, como los ya mencionados alemanes pietistas, con rumbo a la India.

También en Noruega, el avivamiento misionero es de inspiración pietista, en gran medida influenciado por haugeos y moravos. En 1827, el danés Niels Johan Holm (1778-1845) inicia la publicación de *Norsk Misjons-Blad*, que también atrae a muchos miembros del clero. Las asociaciones misioneras locales surgen antes del establecimiento de *Det norske Misjonsselskap* (La Sociedad Misionera Noruega) en 1842, a la que a su vez sigue *Forening af Israels venner* (Sociedad de Amigos de Israel), más tarde con un cambio de nombre a *Den norske Israelsmisjon* (La Misión noruega a Israel), fundada en 1844, y *Santalmisjonen* (La Misión a los Santal), fundada en 1867. En relación con la visita del fundador de *China Inland Mission*, el médico misionero James Hudson Taylor (1832-1905), a Kristiania en 1889, y debido al considerable trabajo preparatorio del maestro Otto Treider, el jinete Hans Guldberg y el relojero Johannes Jørgensen, *Den norske Kinamisjon* (La Misión Noruega a China) ve la luz. Previo a esto, en 1884 los dos primeros misioneros noruegos habían sido enviados a China, e inmediatamente aceptaron unirse a esta nueva organización, que luego cambió su nombre a *Norsk Orient Misjon* (Misión Noruega al Oriente).

Uno de los misioneros de la Misión Noruega en China, Ludvig Eriksen, también fundó la Misión Chihli en 1901, más tarde con un cambio de nombre a *Norsk Misjonsallianse* (Alianza Misionera Noruega).[3] Y tras la visita del sueco-estadounidense Fredrik Franson a Noruega en 1883, que provocó un avivamiento en todo el país que a su vez se convirtió en un catalizador para la creación de *Misjonsforbundet* (ahora *Misjonskirken i Norge*), en 1891 tomó la iniciativa a establecer la organización misionera *Scandinavian Alliance Mission*, que también reclutó misioneros noruegos.[4]

Con esto como un breve trasfondo histórico, dirigimos ahora nuestra atención al comienzo del movimiento pentecostal en los Estados Unidos. Varios estudiosos han identificado la primera etapa del movimiento pentecostal estadounidense como un movimiento

---

[3] Lie, *El pueblo de Dios a través de los siglos* pp. 131-6.

[4] "Our history."
https://www.team.org/ourstory#:~:text=TEAM%20began%20under%20the%20name,East%20Africa%2C%20Swaziland%20and%20Mongolia
[Consultado el 15 de marzo de 2024].

escatológico misionero. Charles Fox Parham (1873-1929) es considerado el fundador ya que el 1 de enero de 1901 ora por una de sus alumnas del instituto bíblico en Topeka, Kansas, Agnes Ozman, con la imposición de manos para que ella reciba el bautismo en el Espíritu Santo acompañado del don de lenguas.[5] Cinco años después, el movimiento fue llevado a Los Ángeles, California, a través del ministro de La Santidad afro-americano William Joseph Seymour (1870-1922), quien, a través de las reuniones en 312 Azusa Street, se convierte en un catalizador del impacto global del movimiento.[6] Desde una perspectiva noruega, también es interesante observar que el movimiento pentecostal estadounidense tiene un precursor en un avivamiento escandinavo independiente en Minnesota, Dakota del Norte y del Sur en la década de 1890 y con elementos tanto de sanidades como de hablar en lenguas. Varios de los ministros del avivamiento escandinavo aceptaron unirse al movimiento pentecostal estadounidense, cuando éste surgió unos años después.[7] Este fenómeno escandinavo fue documentado por primera vez en forma de libro por Darrin J. Rodgers, director de *Flower Pentecostal Heritage Center* de las Asambleas de Dios en Springfield, Missouri, en 2003.[8]

El primer académico estadounidense que identificó el movimiento pentecostal original como un movimiento escatológico fue Robert M. Anderson, a través de su libro *Vision of the Disinherited* (1979). Señaló correctamente que, aunque hablar en lenguas es la característica más visiblemente distintiva del movimiento, son la escatología y la eclesiología las que dieron forma al enfoque en lenguas durante los primeros años del movimiento. Hablar en lenguas fue inicialmente considerado como un lenguaje terrenal que los primeros pentecostales usarían en el campo misionero para comunicar su mensaje de conversión y así acelerar la Segunda venida de Jesús.

---

[5] James R. Goff, Jr., *Fields White Unto Harvest. Charles F. Parham and The Missionary Origins of Pentecostalism* (Fayetteville, AR: The University of Arkansas Press, 1988), p. 71.

[6] Cecil M. Robeck, *The Azusa Street Mission & Revival. The Birth of the Global Pentecostal Movement* (Nashville, TN: Nelson Reference & Electronic, 2006).

[7] Geir Lie, *Fra hellighetsbevegelse til karismatikk*. Vol. 1 (Wyoming, MI: Akademia forlag, 2024), p. 58.

[8] Darrin J. Rodgers, *Northern Harvest: Pentecostalism in North Dakota* (Bismarck, ND: North Dakota District Council of the Assemblies of God, 2003). La investigación pionera de Rodgers contribuyó y dio dirección al libro de Gary B. McGee, *Miracles, Missions, & American Pentecostalism* (Maryknoll, NY: Orbis Books, 2010).

Parham fue influenciado a este respecto por el predicador de La Santidad Frank Weston Sandford (1862-1948), con quien pasó seis semanas en 1900.[9] El año anterior, Parham había leído sobre una de las seguidoras de Sandford, Jenny Glassey, en la publicación de Sandford, *The Everlasting Gospel*. Glassey supuestamente había recibido el don de lenguas en 1895 y sentía un llamado misionero a Sierra Leona en África. Parham se refirió a esta historia en su propia publicación, *The Apostolic Faith*, ese mismo año.[10] Aun así, parece que una mujer llamada Mary Johnson, "de la Misión Libre Sueca en Moorhead, Minnesota", que aparentemente no había tenido ningún contacto ni con Parham ni con Seymour, aunque había hablado en lenguas, se convirtió en la primera "misionera 'pentecostal' euroamericana" del siglo XX cuando ya en enero de 1905 llegó a Durban, Sudáfrica.[11]

El comienzo del pentecostalismo en Noruega

La historia temprana del movimiento pentecostal noruego está inseparablemente ligada al predicador metodista de origen británico Thomas Ball Barratt (1862-1940), quien, a través de la Iglesia Metodista, se preparó ideológicamente mediante la lectura de obras de representantes del movimiento de santidad del siglo XIX en tanto Estados Unidos como Gran Bretaña.[12] También es un hecho que el fundador del metodismo noruego, Ole Peter Petersen (1822-1901), experimentó su conversión cristiana en los Estados Unidos en 1846 y, dos años más tarde, tuvo una experiencia de santificación en línea con las enseñanzas del movimiento de santidad.[13]

Fue como pastor de la Tercera Iglesia Metodista en Kristiania (1889-91) que Barratt comenzó a lidiar con la idea de organizar una obra evangelística para alcanzar a los inconversos tanto a través de la

---

[9] David William Faupel, *The Everlasting Gospel. The Significance of Eschatology in the Development of Pentecostal Thought* (Sheffield: Sheffield Academic Press, 1996), p. 164.
[10] Faupel, *Everlasting Gospel* p. 174.
[11] Rodgers, *Northern Harvest* pp. 13-4.
[12] La investigación más exhaustiva de Barratt la encontramos en Rakel Ysteb ø Alegre, "The Pentecostal Apologetics of T. B. Barratt: Defining and Defending the Faith 1906-1909." Tesis de Doctorado (PhD) en Regent University School of Divinity, Virginia Beach, Virginia, Marzo 2019.
[13] Lie, *El pueblo de Dios a través de los siglos* p. 138; Tore Meistad, *Methodism as a carrier of the Holiness tradition in Norway* (Alta: ALH-forskning, 1994:2), p. 108.

predicación como del trabajo social.[14] Esta idea tomó forma más clara cuando, en 1892, se convirtió en "anciano principal", o superintendente para todo el distrito de Kristiania, y desde 1898, pastor de la Primera Iglesia Metodista. En 1902, *Kristiania Bymission* se estableció oficialmente con una reunión inaugural en el Teatro Tívoli. Las reuniones posteriores "se llevaron a cabo en salas de conciertos, la sociedad estudiantil, el Gran Hotel, teatros, lugares al aire libre *y dondequiera que pudiéramos llegar a las masas con el evangelio.*"[15] Poco a poco, Barratt logró reclutar colegas de trabajo. El trabajo se percibió dividido en siete 'departamentos':

1) Obra evangélica. 2) Trabajo social. 3) Un departamento literario para difundir la buena literatura y educar al público mediante conferencias, etc. 4) Música integral, canto, entretenimiento, etc. 5) Trabajo entre jóvenes y niños, incluida la Liga Epworth, la escuela dominical y la Brigada de Niños. 6) Correspondencia. 7) Finanzas.

En 1904, Barratt lanzó la revista *Byposten* para promover el trabajo de *Kristiania Bymission*. Muchos se convirtieron a la fe cristiana sin necesariamente abandonar la Iglesia de Noruega por la Iglesia Metodista. Barratt comenzó a considerar la construcción de un edificio en la capital "que sirva de base para su ministerio."[16] Bien conocida es su estancia de un año en Estados Unidos para recaudar fondos para *Håkonsborgen*, el nombre propuesto para la sede de la *Kristiania Bymission*, que ya había recibido la aprobación previa del rey Haakon VII.[17]

A pesar de las recomendaciones escritas de varios obispos metodistas estadounidenses y de una estancia de casi un año en Estados Unidos, la campaña de recaudación de fondos finalmente fracasó. Barratt afirmó más tarde que su encuentro con el emergente movimiento pentecostal estadounidense durante este tiempo fue de

---

[14] Barratt probablemente se inspiró en el trabajo realizado desde el 'Central Hall' metodista de Londres, que tuvo la oportunidad de observar durante su estancia en Inglaterra entre 1890 y 1891. La obra de Londres, a su vez, parece haberse inspirado en Australia. David Dale Bundy, "Visions of Apostolic Mission. Scandinavian Pentecostal Mission to 1935." PhD disertación (Uppsala: Uppsala Universitet, 2009), pp. 147, 159.

[15] Thomas Ball Barratt, *Erindringer* (Oslo: Filadelfiaforlaget, 1941), p. 83.

[16] Barratt, *Erindringer* p. 91.

[17] Barratt, *Erindringer* p. 94.

mucha mayor importancia.[18] Barratt había salido de Noruega hacia los Estados Unidos en septiembre de 1905.[19] Durante su estancia en *Alliance House* de A.B. Simpson en 250 W. Forty-fourth Street en la ciudad de Nueva York, se encontró con el primer número de la revista *Apostolic Faith* de William J. Seymour de Azusa Street en Los Ángeles, publicado en septiembre de 1906. Ese mismo mes, Barratt inició una correspondencia con varios miembros del personal en la calle Azusa. Recibió seis cartas en total de Ida May Throop, Glen Cook, Clara Lum y Benjamin Hardin Irwin, además de una del propio Seymour. Y cuando llegó el 15 de noviembre, en una reunión en la misión de Maude Williams en 250 W. Fourteenth Street en la ciudad de Nueva York, ella oró personalmente por Barratt. Más tarde, durante el servicio por la noche, también Lucy Leatherman y un noruego desconocido oraron por él. Esta vez Barratt habló en lenguas por primera vez.

En la entrada de su diario del domingo el 25 de noviembre, Barratt anotó que se había encontrado con los ex misioneros de Angola Samuel y Ardella Mead el miércoles anterior; o sea, el 21 de noviembre.[20] Habían llegado a la ciudad de Nueva York con otros ocho misioneros pentecostales (y tres niños pequeños) en camino a Angola y Liberia, respectivamente. Barratt pasó tiempo con ellos en la ciudad de Nueva York hasta el 8 de diciembre y los acompañó como pasajero en el barco británico *RMS Campania* del 8 al 15 de diciembre, cuando el barco atracó en Liverpool.[21] Es razonable suponer que Barratt fue instruido e inicialmente reconoció la enseñanza pentecostal original de las lenguas misioneras. No fue el investigador estadounidense Robert Mapes Anderson, no obstante, sino el clérigo noruego Thorstein Gunnarson, quien identificó por primera vez la doctrina de las lenguas misioneras como el principal elemento constitutivo de la autocomprensión del movimiento

---

[18] "¡*Håkonsborgen* había desaparecido para siempre, pero en su lugar había venido el Espíritu Santo!" Barratt, *Erindringer* p. 129.

[19] Martin Ski, *Fram til urkristendommen. Pinsebevegelsen gjennom 50 år*. Vol. 1 en una serie de 3 volúmenes (Oslo: Filadelfiaforlaget, 1956), p. 8.

[20] Thomas Ball Barratt, *When the fire fell and an outline of my life* (Oslo: Publicado independientemente, 1927), pp. 135-6; *Erindringer* p. 127; Lie, *Fra hellighetsbevegelse til karismatikk* p. 64.

[21] Según la lista de pasajeros, una copia de la cual está depositada en el Archivo Histórico Pentecostal de Noruega, *NPA-PA/Barratt T.B./F/L0001*, entre los misioneros de la calle Azusa, además del matrimonio Mead, estaban Julia Hutchins y Lucy Farrow.

pentecostal en sus inicios. Lo hizo en 1928 en una nota a pie de página larga pero relativamente oscura en un libro rara vez consultado en los círculos pentecostales, titulado *Dommedagsventing* (Expectativa del fin del mundo), con el subtítulo *Millennismen og dens innslag i norsk kristenliv* (El milenarismo y su influencia en el cristianismo noruego).[22]

Incluso antes de la experiencia de Barratt en la ciudad de Nueva York, había escrito un artículo en *Byposten* sobre el avivamiento de la calle Azusa.[23] Cuando regresó a Noruega el 18 de diciembre y asistió a su primera reunión cristiana al día siguiente, muchos ya estaban ideológicamente preparados para el nuevo movimiento. Laura, la esposa de Barratt, ya había empezado a asistir a reuniones con Erik Andersen Nordquelle en Torvgaten 7, así como en el segundo piso de *Citypassasjen*, donde *Kristiania Bymission* alquilaba un espacio.[24] Quizás no sea sorprendente, entonces, que Nordquelle estuviera presente en la primera reunión de Barratt en una fiesta de la *Hjælpeforening de Kristiania Bymission*, para ayudar niños pobres con ropa.[25]

Al principio las reuniones se celebraban principalmente en *Turnhallen*, *Citypassasjen* y Møllergata 20. Debido a las quejas de las oficinas vecinas sobre el nivel de ruido durante las reuniones de oración del mediodía en *Citypassasjen*, sin embargo, el predicador Bot Nyborg, que entonces predicaba en el local de Nordquelle en Torvgaten 7—sugirió que Barratt también comenzara a celebrar reuniones allí. La primera reunión en las instalaciones de Nordquelle tuvo lugar el sábado 29 de diciembre y duró desde las 10:30 horas hasta medianoche.[26]

El propio Nordquelle se había mudado a la capital en 1899, y su congregación era el resultado de una fusión entre dos comunidades de casas que se remontaba aproximadamente a 1887. Ambas parecen

---

[22] Geir Lie, "Apostler og aposteltjeneste i internasjonal pinsekristendom." *Refleks – med karismatisk kristendom i fokus* 1-1 2002 p. 6 (nota 6); Lie, *Fra hellighetsbevegelse til karismatikk* pp. 58-67.

[23] Es interesante observar que mientras el primer artículo de Barratt sobre el avivamiento en la calle Azusa se publicó en *Byposten* el 6 de octubre de 1906, el primer artículo sueco (de A. Linn) se publicó en *Närkesbladet* ya el 18 de septiembre.

[24] Laura Barratt, *Minner* (Oslo: Filadelfiaforlaget, 1946), pp. 74-5.

[25] Nils Bloch-Hoell, *Pinsebevegelsen. En undersøkelse av pinsebevegelsens tilblivelse, utvikling og særpreg med særlig henblikk på bevegelsens utforming i Norge* (Oslo: Universitetsforlaget, 1956), p. 140; Barratt, *Erindringer* p. 134.

[26] Bloch-Hoell, *Pinsebevegelsen* p. 143.

haber sido llamadas 'Den frie venneflokken' (La comunidad libre de amigos), y se fusionaron en 1894. Nordquelle también mantuvo contacto con aproximadamente 100 comunidades similares en todo el país, con un seguimiento combinado estimado de poco menos de 4.000 personas. Cuando Nordquelle y su congregación en Torvgaten 7 se abrieron pues a la predicación de Barratt y a la práctica de hablar en lenguas, es difícil concluir de otra manera que la red de congregaciones de Nordquelle se convirtió en la primera denominación pentecostal en Noruega. Tanto el propio Nordquelle como la publicación *Det gode Budskap*, publicada por primera vez en 1904, desempeñaron un papel unificador para el movimiento. A través de Nordquelle, Barratt también obtuvo acceso a esta red, aunque más tarde se hizo evidente que los dos tenían diferentes interpretaciones del bautismo en el Espíritu. Para Nordquelle, la experiencia parecía identificable con una manifestación particular del amor de Dios, mientras que Barratt hizo del hablar en lenguas el criterio normativo para saber que uno había experimentado el bautismo en el Espíritu.[27]

Otra distinción entre las Asambleas Evangélicas Libres de Nordquelle y *Pinsebevegelsen* que Barratt establecería más tarde fue que Nordquelle y su movimiento no requerían membresía formal, ya que no tenían un registro congregacional.

A principios de 1907, la gente empezó a viajar a la capital para asistir a las reuniones, y pronto se celebraron servicios en pueblos circundantes como en Drammen y Fredrikshald (Halden): "Constantemente hay nuevos informes de zonas rurales y pueblos que dicen que el avivamiento ha llegado allá."[28] Severin Larsen, con experiencia ministerial tanto desde la Iglesia Metodista como en *Misjonsforbundet*, se había convertido en pastor de la congregación bautista en Fredrikshald en 1907 y experimentó su bautismo en el Espíritu Santo ese mismo año, aunque "siguió siendo parte de la Unión Bautista Noruega por el resto de su vida."[29]

---

[27] Asbjørn Froholt, *Erik Andersen Nordquelle. Mannen som med god grunn kunne vært kalt pinsebevegelsens 'mor' og den frie evangeliske bevegelsens 'far' i Norge. En biografi* (Moss: Eget forlag, 1981), p. 118.

[28] Barratt, *Erindringer* p. 149.

[29] Oddvar Nilsen, "Larsen, Severin" en Geir Lie, ed., *Norsk pinsekristendom og karis-matisk fornyelse. Ettbinds oppslagsverk* (Oslo: Refleks-Publishing, 2da. ed., 2008), pp. 97-8.

La primera congregación pentecostal independiente se estableció en Skien en 1908, tras la renuncia de Carl Magnus Seehuus de su puesto como pastor bautista en enero. Seehuus inició un ministerio independiente el 22 de marzo, formando una "congregación organizada" con 26 miembros. Esa congregación es el día de hoy Tabernaklet de Skien.[30] No fue hasta 1910 que se produjo una división organizativa entre Nordquelle y Barratt, ya que este último inició reuniones independientes ese mismo año en Møllergt. 38, donde lo siguieron unas 200 personas de la congregación de Nordquelle.[31] Ese mismo año, la revista *Byposten* cambió su nombre por el de *Korsets seir*, más tarde *Korsets seier*.[32]

Muchos de los creyentes pentecostales habían sido bautizados por Nordquelle desde el principio, pero Barratt, como metodista, mantuvo el bautismo infantil hasta 1913. Ese año, él y Laura fueron bautizados por Lewi Pethrus en la congregación Filadelfia en Estocolmo. Esto, junto con las reuniones independientes de Barratt a partir de 1910, probablemente ayudó a consolidar el movimiento. Barratt realizó el primer bautismo de creyentes el 17 de noviembre de 1913, "en el local de los amigos en St. Olavs Gate 6, ya que no había piscina bautismal en Møllergaten 38."[33] Los "amigos" eran un grupo pentecostal independiente liderado por figuras como Knud Martin Hansen Sæther, conocido como M.H. Sæther y Ludvig Bratlie. Anteriormente habían alquilado un local en Møllergt. 9 y se fusionó con el grupo de Barratt en 1914.[34]

No fue hasta 1916 que Barratt consideró la obra que dirigía como una iglesia organizada. El 26 de junio se anunció el primer servicio y se registraron 200 miembros. Simultáneamente, Barratt y su familia se retiraron formalmente de la Iglesia Metodista.[35]

---

[30] Bloch-Hoell, *Pinsebevegelsen* p. 192.
[31] Lie, *El pueblo de Dios a través de los siglos* p. 152.
[32] Durante un breve período en 1911, la revista también se publicó en finlandés como *Ristin Voitto*. También se publicaron algunos números en sueco como *Korsets Seger* y en ruso como *Pabeda Krista*. Barratt, *Erindringer* pp. 200-1. También se publicó una versión en español, *Victoria de la Cruz*, desde Barcelona, España, según una nota en *Korsets seir* el 15 de noviembre de 1915.
[33] Barratt, *Erindringer* p. 206.
[34] Lie, *El pueblo de Dios a través de los siglos* p. 152. The letter 'S' in Sæther probablemente se refiere a la granja del arrendatario Laakesæter en Ullensaker, donde nació Sæther. Esta conclusión se basa en la investigación no publicada de Arnold Ruud.
[35] Barratt, *Erindringer* pp. 208-9.

Ya durante las reuniones en el local que Nordquelle alquilaba en Torvgaten 7 hubo visitantes extranjeros. Hasta cierto punto, esto se debió a la cobertura, a menudo negativa, tanto en publicaciones noruegas como extranjeras. En enero de 1907 llegaron los primeros ministros suecos y finlandeses. De Dinamarca, Thorvald Plum vino de la editorial Kirkeklokken, y de Inglaterra, el cura A.A. Boddy, quien también invitó a Barratt a su iglesia anglicana en Sunderland unos meses después.[36] Barratt también visitó Copenhague durante el período de junio a julio de 1907, con visitas posteriores en agosto y diciembre, así como en marzo de 1908. Fue durante esta última visita que oró por la actriz danesa Anna Larssen Bjørner,[37] quien, junto con su esposo Sigurd, se convirtieron en figuras influyentes tanto en *Pinsebevægelsen* como en la Iglesia Apostólica en su país de origen.

Líderes del movimiento de santidad en Alemania mostraron interés en las reuniones de Barratt en Kristiania, y fue Emil Meyer, líder de la *Hamburg Strandmission*, quien invitó a las colegas de Barratt, Agnes Thelle y Dagmar Gregersen, a su país en junio de 1907. A través de Meyer, las dos mujeres también conocieron a Heinrich Dallmeyer, quien abrió las puertas para una serie de reuniones de un mes de duración en Kassel. De esta manera se introdujo el movimiento pentecostal en Alemania.[38] También fueron Thelle y Gregersen, a través de su predicación sobre el bautismo del Espíritu Santo, quienes fueron las primeras en introducir el movimiento pentecostal en Suiza.[39] Al año siguiente, viajaron a la escuela de A.B. Simpson en la ciudad de Nueva York, preparándose para la obra misional planificada en la India. Barratt ya había visitado la India en 1908 y dos años más tarde, Thelle y Gregersen partieron hacia el campo misionero. Gregersen pronto se casó con Henrik Engstrøm. Durante una visita a Noruega en 1913-14, se fundó la Misión Banda, con directrices desarrolladas en colaboración con Barratt.

1910 fue el año en que varios pentecostales noruegos salieron al servicio de las misiones. Como escribe Oddvar Nilsen, no hubo

---

[36] Bundy, "Visions of Apostolic Mission" p. 178.
[37] Bundy, "Visions of Apostolic Mission" pp. 193-7.
[38] Alegre, "The Pentecostal Apologetics of T. B. Barratt" pp. 101-7.
[39] Jean-Daniel Plüss, *Vom Geist Bewegt. Die Geschichte der Schweizerischen Pfingstmission* (Kreuzlingen: Schweizeriche Pfingstmission, 2015); Bloch-Hoell, *Pinsebevegelsen* p. 274.

ninguna organización establecida detrás de estos misioneros. Algunos de ellos contaban con el apoyo de las congregaciones, pero las promesas periódicas de apoyo financiero eran pocas y espaciadas. Nadie les había dado directivas sobre dónde debían ir o cómo debían realizar su trabajo. Todo quedó en manos de los propios misioneros, incluido, en su mayor parte, asegurarse su propio sustento. Los fondos que llegaban se dirigían personalmente a los misioneros, "y rara vez o nunca daban cuenta de cómo gastaban el dinero."[40]

Aunque este fue el mismo año en que Barratt dejó Torvgt. 7 y estableció reuniones independientes en Møllergt. 38, era demasiado pronto para hablar de una división confesional entre *Pinsebevegelsen* como una entidad distinta (que aún no existía) y las Asambleas Evangélicas Libres (que tampoco existían todavía como una denominación definida separada de *Pinsebevegelsen*). Por lo tanto, los primeros misioneros pentecostales tampoco eran conscientes de que pertenecían a un 'movimiento' y no a otro, y a menudo enviaban informes de misión tanto a la revista de Barratt (que en 1910 cambió su nombre de *Byposten* a *Korsets seir*), *Det gode Budskap*, y desde 1914, también a *Missionæren*.[41] *Misjons-Røsten*, publicado por Gustav Iversen de Sarpsborg, sin embargo, se publicó por primera vez en 1929 y se incorporó a *Det gode Budskap* en 1948.[42] Entonces ya no hubo duda de que había dos movimientos separados.

Durante una conferencia misionera en Skien en septiembre de 1914, Barratt expresó su deseo de condiciones más organizadas para los misioneros, posiblemente siguiendo el modelo de la misión

---

[40] Oddvar Nilsen, *Ut i all verden. Pinsevennenes ytre misjon i 75 år* (Oslo: Filadelfiaforlaget, 1985), p 31.

[41] *Missionæren* publicó su primer número en 1889 e inicialmente sirvió como voz de *Misjonsforbundet* en Noruega. El primer editor fue Mons Andersen de Larvik, quien fue reemplazado en 1904 por A.J. Anthony (posteriormente afiliado a *Pinsebevegelsen*). En 1914, Carl Magnus Seehuus se convirtió en editor, dándole a la revista un perfil más claramente pentecostal. El editor final, Alf Kasborg, ocupó el cargo desde 1935 hasta que cesó la publicación en 1957.

[42] Froholt, *Erik Andersen Nordquelle* p. 175. Paul Iversen (hijo de Gustav Iversen) escribe en su artículo "Misjonsrøsten. En epoke i DFEF's misjonshistorie." *Det gode Budskap* 11-15 de junio de 1984 p. 20: "La publicación de *Misjonsrøsten* fue iniciada por mi padre, alentado por varias sugerencias y motivaciones de otros. Un factor importante fue la interrupción de la revista 'Misjonsbreve', que había sido publicada por la misionera Dagmar Engstrøm. Sin 'Misjonsbreve', los misioneros independientes carecían de un diario de misión dedicado, aunque tanto 'Det gode Budskap' como 'Misjonæren' ocasionalmente incluían cartas de misioneros."

Banda. A finales de enero de 1915, Barratt invitó a la gente a una conferencia misionera en Kristiania donde se fundó la organización *Norges Frie Evangeliske Missionsforbund* (Sociedad Misionera Evangélica Libre de Noruega), con un cambio de nombre a *Norges Frie Evangeliske Hedningemisjon* (Misión Evangélica Libre de Noruega a los Gentiles) en 1920. En ese momento, sólo había "seis congregaciones pentecostales 'formalmente estructuradas' en el país."[43]

En relación con una estancia por enfermedad en una cabaña en Mesnalien, en las afueras de Lillehammer, en 1929, Barratt llegó a la conclusión de que ya no creía en el modelo misionero que él mismo había ayudado a definir en 1915. Por el contrario, ahora experimentaba que "cualquier plan para la organización de asuntos en común entre las congregaciones estaba en conflicto directo con la práctica de los apóstoles y las primeras congregaciones cristianas."[44] *Norges Frie Evangeliske Hedningemisjon* se disolvió formalmente en 1931, y durante un período de transición, "todos los misioneros restantes con sus estaciones y campos [...] fueron transferidos a la congregación en Filadelfia, Oslo."[45] El modelo estrictamente congregacional de *Pinsebevegelsen* en Noruega, combinado con la influencia del liderazgo de Barratt, fueron las principales razones por las que a partir de entonces los misioneros fueron rápidamente enviados y apoyados financieramente por las congregaciones locales. Aunque estas congregaciones eran a menudo numéricamente pequeñas, varias iglesias colaboraban para apoyar financieramente a un misionero o una familia misionera.

En 1946, sin embargo, se nombró a un secretario misionero, Gunnerius Tollefsen, a quien sucedió Hans Svartdahl en 1965. Al mismo tiempo, se creó *PYM* – La Misión Extranjera de las iglesias dentro de *Pinsebevegelsen* en Noruega.[46] En 2008, había secretarios regionales para Asia, Europa, África y América que "[coordinaron] el

---

[43] Nilsen, *Ut i all verden* p. 46.
[44] Solveig Barratt Lange, *T.B. Barratt. Et Herrens sendebud* (Oslo: Filadelfiaforlaget, 1962), p. 275.
[45] Nilsen, *Ut i all verden* p. 64.
[46] *Pinsemisjon i 100 år* (Oslo: De norske pinsemenigheters ytremisjon, 2010), p. 53. En 1996, *Stiftelsen Pinsevennenes Ytre Misjon* fue disuelta y sustituida por una asociación denominada *Norske Pinsemenigheters Ytre Misjon*, con su propia junta ejecutiva compuesta por cinco representantes, además de los antiguos presidentes de los comités de trabajo. "Store forandringer i Pinsevennenes Ytre Misjon." *Korsets seier* el 4 de octubre de 1996 p. 4; Oddvar Johansen, "Ja til ny struktur i PYM." *Korsets seier* Navidad de 1996 p. 3.

trabajo en las nuevas iglesias de contacto y comités nacionales establecidos para cada país donde operan las iglesias de *Pinsebevegelsen* en Noruega."⁴⁷ El mismo año se firmó un acuerdo de colaboración con el *Gå Ut-Senteret* en Hurdal, operado por *Normisjon*. Varios misioneros de *Pinsebevegelsen* habían realizado anteriormente allí cursos de preparación para la misión, pero a partir de ahora, representantes de *Pinsebevegelsen* también contribuyeron con personal de instructores.⁴⁸ En 2017 se produjo un cambio de nombre de *PYM* a *Pinsemisjonen*.⁴⁹ En 2020, *Pinsemisjonen* se convirtió en un departamento implementado bajo *Pinsebevegelsen* en Noruega y pasó a llamarse *Pinse Misjon* el año siguiente.

Como ya se señaló, las Asambleas Evangélicas Libres y *Pinsebevegelsen* tuvieron una "historia misionera compartida" en los primeros años.⁵⁰ Sin ninguna organización misionera detrás, cada misionero, como ya hemos visto, "tenía que hacerse cargo de sus propias finanzas y buscar su propio tesorero."⁵¹ Y, como también hemos señalado anteriormente, muchos buscaron apoyo parcial escribiendo informes a *Det gode Budskap, Korsets seir* y *Missionæren*. Malla Moe, que había trabajado en Suazilandia desde 1892, fue una de las muchas que recibió apoyo tanto del círculo de Nordquelle como de Barratt.

Al igual que dentro de *Pinsebevegelsen*, hubo varios dentro de las Asambleas Evangélicas Libres que eventualmente desearon más estructura para la obra misional. En 1929 se formó un 'Consejo de Hermanos' para supervisar los asuntos financieros. Este consejo sólo duró un año, pero en 1935 se estableció un 'Comité de Misión'. Después de que terminó la Segunda Guerra Mundial en 1945, dos años más tarde, en la conferencia misionera de las Asambleas Evangélicas Libres en Drammen, se creó un nuevo comité de misión, el Comité de Misión en el exterior y Misión Nacional (MHU).⁵² Los

---

⁴⁷ "Nye regionssekretærer i PYM." *Korsets seier* el 11 de julio de 2008 p. 24.
⁴⁸ Anne Gustavsen, "PYM-avtale med Gå Ut-senteret." *Korsets seier* el 4 de abril de 2008 p. 23.
⁴⁹ Anne Gustavsen, "Pinsemisjonen." *Korsets seier* el 29 de septiembre de 2017 p. 4; Deborah Sebekk Lunde, "PYM endrer navn." *Korsets seier* el 29 de septiembre de 2007 pp. 10-1.
⁵⁰ Asbjørn Froholt, *De Frie Evangeliske Forsamlingers Misjon. 75 år. Et jubileumsskrift* (Moss: Elias forlag, 1985), p. 5.
⁵¹ Froholt, *De Frie Evangeliske Forsamlingers Misjon* p. 7.
⁵² Froholt, *De Frie Evangeliske Forsamlingers Misjon* pp. 123-30.

misioneros, como en *Pinsebevegelsen*, sin embargo, fueron enviados y apoyados por congregaciones locales.

También es parte de la historia de la mayoría de las congregaciones dentro de las Asambleas Evangélicas Libres (*DFEF*) que en 2023 eligieron unirse al *Pinsebevegelsen* en Noruega. Quizás se pueda decir que las congregaciones dentro de *DFEF* que *no* han elegido unirse a *Pinsebevegelsen* representan la denominación pentecostal más antigua de Noruega.[53] Además de estas dos denominaciones, existen varios grupos pentecostales más pequeños. *Apostolic Faith* (Portland, Oregón), con sede en Stavanger, comenzó su trabajo en Noruega en 1912, mientras que *Apostolic Church* inició operaciones a finales de la década de 1940 a través de Dinamarca. *Brunstad Christian Church*, todavía conocida comúnmente como los Amigos de Smith, es una denominación pentecostal nacida en Noruega fundada a principios del siglo XX,[54] mientras que Maran Ata estableció su primera congregación en 1959. La Iglesia Cuadrangular se estableció formalmente en Noruega en 1983, y una congregación de la Iglesia de Dios se fundó en las afueras de Ålesund en 2004. Además de estas, también hay varias pequeñas iglesias y denominaciones pentecostales unicitarias. Además, varias tradiciones pentecostales se reflejan en y a través de las muchas iglesias inmigrantes.

La renovación carismática dejó su huella por primera vez en Noruega a partir de 1970, y varias organizaciones como Agape, Juventud con una Misión y Oase son fruto de esta renovación. Una característica de la renovación carismática original fue el deseo de no formar congregaciones independientes, sino permanecer dentro de sus iglesias y denominaciones originales para, si fuera posible, lograr allí la renovación carismática. La obra misionera de los grupos carismáticos queda fuera del alcance de este libro.

En la década de 1980 surgió en Noruega lo que comúnmente se conoce como el movimiento Palabra de Fe. Desde entonces, varias de sus iglesias se han incorporado al *Pinsebevegelsen* en Noruega, mientras que otras siguen siendo congregaciones locales

---

[53] Dos de las congregaciones *locales* más antiguas de *Pinsebevegelsen*, la congregación de Berger en las afueras de Drammen y la de Nærsnes, se remontan a 1887 y 1888 respectivamente, ya que originalmente comenzaron como *Churches of Christ* (Iglesias de Cristo) y luego se afiliaron al *Pinsebevegelsen*.

[54] Su trabajo en el continente americano está descrito en el libro *Menighetens utvikling i Nord- og Sør-Amerika* (Tananger: Stiftelsen Skjulte Skatters Forlag, 2022).

independientes y algunas han sido disueltas. La Iglesia *Oslo Kristne Senter* tiene raíces en el movimiento Palabra de fe, y su impacto en México es tocado en el capítulo 7 de este libro.

Como es evidente en los siguientes capítulos, hubo una amplia cooperación entre misioneros de los países escandinavos, a menudo debido a una comprensión congregacionalista-eclesiológica compartida de la importancia de plantar iglesias independientes en colaboración con trabajadores nacionales. Al mismo tiempo, no se debe pasar por alto que los misioneros eran en gran medida producto de su época, y muchas de las primeras descripciones reflejan una actitud paternalista hacia la población local[55] y, en ocasiones, una actitud insensible y a menudo elitista hacia la teología, la espiritualidad y la religión popular católicas.[56] Creo ver un cambio a partir de la década de 1970 cuando la obra entró en una fase de consolidación, donde quizás más que antes, hubo un mayor énfasis en involucrar a ministros nacionales que pudieran llegar más fácilmente a la población del país con el evangelio.[57] Al mismo tiempo, también debemos matizar nuestras reflexiones sobre los primeros misioneros. Anne Lise Søvde, la entonces directora ejecutiva de *NORME*, escribió en 2013, y con razón:

---

[55] "'¿Pero no tienen trabajadores nativos allí?', tal vez pregunten algunos. 'Sí, por supuesto, pero un pastor o evangelista nativo no puede, y no tiene, las calificaciones para trabajar de la misma manera que un misionero puede hacerlo.'" Gerda Lillian Aardalen, "Fra arbeidet i Nord-Parana, Brasil." *Korsets seier* el 29 de agosto de 1959 pp. 555-6. Es un alivio leer de la Conferencia Latinoamericana de 1997, donde Finn Røine abordó "las [nuevas] actitudes de los misioneros hacia los nacionales." Oddvar Johansen, "Latin-Amerikakonferansen i Heddal med oppsiktsvekkende klar tale." *Korsets seier* el 25 de abril de 1997 p. 6.

[56] Se puede encontrar una cita ilustrativa de la misionera Helga Mjåvatn, "Hilsen fra Argentina." *Korsets seier* el 12 de mayo de 1956 p. 298 - "En el año 1947, una mañana al despertarme, una voz me dijo: 'Huirás, pero tus pequeños hijos serán abandonados y entregados al Papa en Roma, bajo su poder, para ser atormentados y privados del derecho a servir a Dios.' ¡Ora por un avivamiento!" No es hasta 1996 que obtenemos una distinción clara entre la doctrina católica oficial y la religiosidad católica popular: "En América Latina, el catolicismo a menudo se mezcla con el paganismo primitivo, que a menudo resulta de ser cristianos nominales y no haber recibido la enseñanza necesaria," afirma Roger Samuelsen. "Katolikkene i Latin-Amerika er ikke som de europeiske." *Korsets seier* el 27 de septiembre de 1996 p. 15.

[57] "[Emiliano Vera] participa en todo lo que sucede y se involucra como anciano en el Consejo trabajando para nacionalizar la obra, es decir, entregar la obra a los nacionales." Josef Iversen, "Gud gjør under i Paraguay." *Korsets seier* el 23 de marzo de 1977 p. 16.

Mi afirmación es que en la mayoría de los lugares, los misioneros y su trabajo han marcado una diferencia positiva y han elevado la dignidad de las personas. Los misioneros occidentales en Argentina, a principios del siglo XX, ayudaron a los indígenas a adquirir números de identificación para no quedar sin derechos y vulnerables a la explotación de los terratenientes del país. Incluso hoy en día, en Argentina se puede ver un límite geográfico claro: donde vinieron los misioneros del norte, todavía hay indígenas, pero al sur de este límite, todos los indígenas fueron asesinados o reubicados por la fuerza. […] Si los misioneros no influyen en las culturas a las que son enviados, las fuerzas del mercado y el imperialismo cultural de los medios de comunicación darán forma a los campos misioneros. Pero si creemos que tenemos algo mejor que ofrecer, le debemos al mundo presentarlo.[58]

La década de 1970 fue, en muchos sentidos, la época dorada de las misiones pentecostales noruegas en términos del número de misioneros de largo plazo enviados al extranjero. Dentro de *Pinsebevegelsen*, hasta el 1 por ciento eran misioneros extranjeros. Desde entonces, el número ha disminuido drásticamente. Sin embargo, el compromiso misionero ha adoptado diversas formas: los jubilados que han elegido establecerse en el extranjero y participar en misiones, aunque no hayan sido enviados formalmente por *PYM*, es una variante. Además, hay misioneros bivocacionales, lo que en inglés se denomina *tentmakers* además de misioneros de corta duración. Ninguna de estas formas de misión, sin embargo, será el foco de atención en este libro.

También es interesante destacar las conferencias sudamericanas en Noruega, que sin duda contribuyeron al creciente interés en América del Sur año tras año,"[59] lo que no sólo contribuyó al creciente interés en las conferencias mismas, con una asistencia que aumentaba año tras año, sino que también ayudó indirectamente a que más personas tomaran conciencia de su propio llamado misionero, lo que los llevó a ser enviados como misioneros más adelante.

---

[58] Anne Lise Søvde, "Toleranse og misjon." *Korsets seier* el 11 de enero de 2013 p. 7.
[59] "Sør-Amerika-konferansen i Halden." *Korsets seier* el 9 de junio de 1951 pp. 275-6.

2

ARGENTINA

Los primeros misioneros pentecostales noruegos salieron del país ya en 1910. Esto también se aplica a América Latina, ya que Berger N. Johnsen (1888-1945) viajó a Argentina en agosto del mismo año.

Johnsen había experimentado una conversión cristiana en 1905, pero recibió su llamado misionero en Estados Unidos al año siguiente. En la ciudad de Nueva York, conoció el movimiento pentecostal y también conoció a la ministra canadiense Alice Wood (1870–1961).[1] Originalmente ella tenía antecedentes cuáqueros, pero luego pasó a formar parte de Alianza Cristiana y Misionera (ACyM) de A. B. Simpson. Antes de su encuentro con el movimiento pentecostal, había servido como misionera de ACyM tanto en Puerto Rico como en Venezuela. Junto a May Kelty y su madre Harriet, Wood llegó a Argentina en 1910. Rápidamente se instaló en la ciudad de Gualeguaychú en la provincia de Entre Ríos, a unos 160 kilómetros al norte de Buenos Aires.[2]

Wood no fue la primera misionera pentecostal que llegó a Argentina. Si hacemos caso omiso de un intento de misión espontáneo y fallido en 1907 dirigido por un desconocido Thomas O'Reilly,[3] Luigi Francescon (1866-1964), junto con sus dos

---

[1] Cf. las entradas del diario de Alice Wood del 19 de diciembre de 1909, que está depositado en el archivo de *Flower Pentecostal Heritage Center* en Springfield, Missouri, EE UU. "Berger Johnsen y yo fuimos a Brooklyn en metro y [...] para asistir a una reunión pentecostal noruega." Cf. también Bundy, "Visions of Apostolic Mission" p. 239.

[2] Allan H. Anderson, "Primeras misiones pentecostales en América Latina." *Hechos – una perspectiva pneumatológica* 4-1 (Enero) 2022, p. 15.

[3] McGee, *Miracles* pp. 94-5.

colaboradores Giacomo Lombardi y Lucia Menna, habían iniciado una obra en Buenos Aires cuatro meses antes de la llegada de Wood, en octubre de 1909.

Francescon había desempeñado un papel importante dentro de la Primera Iglesia Presbiteriana Italiana en Chicago cuando tuvo su experiencia pentecostal en 1907 en *Full Gospel Mission* de William H. Durham en 943 W. North Avenue en la misma ciudad.[4] Los tres italianos se trasladaron de Argentina a Brasil ya en marzo de 1910,[5] sin embargo, después de ser liberado de la detención argentina.[6] Así, Alice Wood fundó la primera iglesia pentecostal en Argentina.

Berger Johnsen llegó en 1910,[7] con 15 coronas noruegas (menos de 2 dólares) cuando "desembarcó en Gualeguaychú,"[8] donde inicialmente trabajó junto a Wood.[9] Pronto, sin embargo, sintió que Dios lo llamaba "hacia el interior, a los indígenas," y en un artículo preguntó si habría "alguien en Noruega" con un llamado misionero a Argentina que pudiera trabajar junto a él.[10]

En 1914, Johnsen se dirigió al pueblo de Embarcación en el norte de Argentina, en la provincia de Salta, donde compró un terreno para iniciar la obra evangélica entre la población indígena. Embarcación era un centro estratégico, ya que por la ciudad pasaban viajeros entre

---

[4] Joseph Coletti, "Francescon, Luigi" en Stanley M. Burgess y Eduard M. van der Maas, eds., *The New International Dictionary of Pentecostal Charismatic Movements. Revised and expanded edition* (Grand Rapids, MI: Zondervan Publishing House, 2002), p. 646.

[5] J. Norberto Saracco, "Argentine Pentecostalism: Historical Roots, Current Developments, and Challenges for the Future" en Vinson Synan, Amos Yong y Miguel Álvarez, eds., *Global Renewal Christianity.* Volume Two: *Latin America* (Lake Mary, FL: Charisma House, 2016), pp. 259-60.

[6] Kathleen M. Griffin, "Luz en Sudamérica: Los primeros pentecostales en Gualeguaychú, Entre Ríos, 1910-1917." PhD disertación al Instituto Universitario ISEDET een Buenos Aires, Argentina, 2014, p. 33. Griffin escribe que la obra se reanudó cuando los dos predicadores pentecostales italianos Narciso Natucci y Francesco Anfuzzo llegaron vía Estados Unidos en 1916. La obra se recuperó rápidamente y se establecieron congregaciones vibrantes.

[7] Berger Johnsen, "Fra Argentina." *Det gode Budskab* el 15 de diciembre de 1910 pp. 95-6.

[8] Berger N. Johnsen, "Argentina." *Korsets seir* el 15 de julio de 1912 p. 110.

[9] Para una presentación y análisis sistemáticos del ministerio de Berger Johnsen en Argentina, cf. la tesis de maestría de Rakel Ystebø, "La misión pentecostal en Enbarcación. Conversiones y cambios socio-culturales entre los indígenas afectados por la misión de Berger Johnsen (1916-1945)" en la Universidad Nacional de San Martín en Buenos Aires, Argentina en 2010.

[10] Berger Johnsen, "Fra Sydamerika." *Det gode Budskab* el 1 de junio de 1911 p. 42.

Argentina, Brasil y Bolivia. En 1914, Johnsen estaba de regreso en Noruega, una de sus razones era recaudar fondos y, si era posible, reclutar candidatos misioneros.[11] Uno de los candidatos resultaría ser Albin Gustavsson de Suecia, a quien Johnsen había conocido en Halden en 1916. Gustavsson, sin embargo, no llegó hasta 1920. Otro candidato misionero fue Per G. Talaasen, quien, a través de su encuentro con Johnsen en 1915, "recibió el llamado de su vida" y llegó a Embarcación en el otoño de 1916. Talaasen, sin embargo, contrajo malaria y regresó a Noruega el mismo año.[12]

Un grupo de misioneros suecos trabajó durante un breve período con Johnsen en Embarcación, y una de ellos fue Hedvig Berg quien se convertiría en esposa de Johnsen en 1921. Juntos tuvieron los hijos Miriam, Débora y Benjamín.

En los primeros años, el matrimonio Johnsen apenas vio resultados de las actividades misioneras entre los nativos, y las primeras conversiones no se produjeron hasta alrededor de 1922. Uno de los primeros en aceptar la predicación del evangelio fue Santos Aparicio, quien pronto se identificó como candidato a liderazgo y siguió a Johnsen en giras evangelísticas como ministro independiente y como intérprete de varias lenguas indígenas nativas.[13] Aparicio, no obstante, no fue el único que hizo eso.

---

[11] Berger Johnsen se encontraba en Noruega en 1915 cuando se fundó la asociación de misioneros noruegos 'Norges Frie Evangeliske Missionsforbund'. Cinco años más tarde, la organización misionera cambió su nombre a 'Norges Frie Evangeliske Hedningemission'. En "Fra Argentina" *Det gode Budskab* el 15 de septiembre de 1936 p. 2 Johnsen escribe: "Probablemente fui el único misionero que estuvo en Dalen y protestó cuando se formó la 'Norges frie hedningemisjon', y tuve que morderme la lengua en algunos casos, pero me alegro de que quienes hicieron esto tuvieran el coraje y la fuerza para revocar su propio trabajo." Johnsen probablemente se esté refiriendo al hecho de que 'Norges Frie Evangeliske Hedningemission' se disolvió en 1930 y su consejo de misión asociado en 1932.

[12] Berger Johnsen, "Fra Argentina." *Det gode Budskab* el 1 de agosto de 1917 p. 58. "La fiebre de malaria me hizo regresar a [Noruega] al año siguiente, y luego me convertí en tesorero de misiones en lugar de misionero." Per G. Talaasen, "Mangeårig misjonskasserer trekker seg tilbake." *Korsets seier* el 8 de enero de 1972 p. 7. Sin embargo, leemos que Oscar Halvorsen era el tesorero de Johnsen en 1915. "Syd-Amerika." *Korsets seir* el 15 de marzo de 1915 p. 47.

[13] Marcos Delgado es nieto de Santos Aparicio. También es el actual pastor de la Misión Evangélica en Embarcación, la cual fue fundada por Berger Johnsen en 1915. Oddwin Solvoll, "Tredjegenerasjons indianerpastor." *Korsets seier* el 5 de marzo de 2010 p. 22.

En 1928, Sigurd Grønvold llegó,[14] quien sólo permaneció un año en Argentina, pero que, luego de casarse, regresó en 1932. Lamentablemente, moriría en 1937.

Después de que terminó la guerra civil entre Bolivia y Paraguay en 1935, Johnsen finalmente pudo viajar a Pilcomayo, que previamente había recibido una invitación para visitar, a unos 225 kilómetros de Embarcación. Aquí predicó, junto con, entre otros, Santos Aparicio. Sin embargo, pasó aproximadamente un año sin que se vieran resultados visibles. Aunque así fue, en lo que se anunció como su reunión de despedida, algunas mujeres se sintieron conmovidas por el mensaje y comenzaron a gritar de pura alegría y aplaudir. Un hombre con los ojos llenos de lágrimas gritó repetidas veces y en voz alta: "¡Padre Celestial, ten piedad de nosotros!" Esto desató una reacción en cadena entre las más de 2.000 personas presentes, y Johnsen y sus colegas presenciaron un gran resurgimiento entre las diversas tribus indígenas en el río Pilcomayo. Johnsen escribió a sus lectores en Noruega:

> En menos de dos minutos, toda esta congregación estaba bajo una notable influencia del Espíritu. Tal cosa no se puede describir, pero nos escucharon a 18 kilómetros de distancia, ¡así que pueden comprenderlo ustedes mismos! Vinieron desde el otro lado de la frontera boliviana para mirar, porque podían escuchar el canto y las alabanzas.[15]

Al día siguiente, Johnsen regresó a Embarcación, pero varios de sus colaboradores, incluido Santos Aparicio, se quedaron atrás para establecer a los nuevos conversos en la fe. Después de un año, sin embargo, más de 2.000 nativos optaron por mudarse a Embarcación, y muchos de ellos, en parte debido al deseo de estar cerca de Johnsen. Uno de los resultados de esto fue que Johnsen fue probablemente durante muchos años pastor de la congregación pentecostal más grande del país.

Johnsen tuvo problemas de salud todos estos años y los años de guerra en Europa significaron que el contacto con su tierra natal se cortó en gran medida. Aunque Johnsen no tenía ninguna conexión formal con *Pinsebevegelsen* en Noruega, contaba con el apoyo de varias asambleas libres, y Gustav Iversen, que era un ministro activo dentro

---

[14] Sigurd Grønvold, "Argentina." *Det gode Budskab* el 15 de abril de 1928 p. 7.
[15] Berger N. Johnsen, "Argentina." *Korsets seier* el 22 de agosto de 1936 p. 5.

de las Asambleas Evangélicas Libres, fue durante muchos años el tesorero de Johnsen y mantuvo correspondencia con él.[16] Dado que Iversen "estaba en oposición parcial" a Erik Andersen Nordquelle,[17] en parte porque, según Iversen, el material misionero no tenía suficiente prioridad en *Det gode Budskap*, el órgano principal de las Asambleas Evangélicas Libres, Johnsen aparecía regularmente en la revista *Misjons-Røsten*.[18] Allí, Iversen era el editor. Iversen también escribió una biografía sobre Johnsen en 1946. Esta fue traducida al español por Rakel Ystebø Alegre en 2009 y titulada *35 años entre los indígenas: El trabajo misionero de Berger N. Johnsen en Argentina*.

Después de la muerte de Johnsen en 1945, Hedvig continuó el trabajo por un tiempo, en cooperación con Santos Aparicio. Aun así, Hedvig deseaba alivio y pidió a Per A. Pedersen que asumiera la dirección de la obra. Junto con su esposa Palma, dejó Noruega en 1948, pero debido a problemas de visa, tuvieron una estadía de tres años en Brasil antes de finalmente mudarse a la ciudad de Rosario en Argentina en 1951. Mientras aún estaba allí, Hedvig falleció. Aproximadamente una semana antes de su muerte, sin embargo, su compatriota Olof Jonsson había llegado a Embarcación para ayudar con el trabajo. Cuando Per A. Pedersen llegó a la ciudad en 1952, surgió un conflicto sobre quién debería tener la autoridad para tomar decisiones. Esto se debió en parte al hecho de que Hedvig era sueca. Lewi Pethrus los visitó el mismo año y afirmó que, dado que todo el apoyo financiero de Europa había llegado a través de Noruega, excepto en los últimos años después de la muerte de Johnsen,[19] los misioneros suecos deberían buscar un nuevo campo misionero. Luego se mudaron a Tartagal, mientras Per y Palma permanecieron y continuaron el trabajo por varios años más.

---

[16] G. Sønstebø había sido tesorero de Johnsen desde 1915, pero fue reemplazado por Gustav Iversen en 1938. Berger N. Johnsen, "Argentina." *Korsets seier* Pascua 1938 pp. 10-1.

[17] Asbjørn Froholt, "Iversen, Gustav" en Lie, ed., *Norsk pinsekristendom og karismatisk fornyelse* p. 78.

[18] A partir del 1 de enero de 1948, las revistas *Misjonsrøsten* y *De unges blad* se fusionaron con *Det gode Budskap*, que luego se convirtió en la publicación oficial de las Asambleas Evangélicas Libres..

[19] Johnsen construyó la estación misionera "principalmente con dinero que uno de sus familiares le había dado." Kaleb Hansen, "Berger Johnsen – misjonær i 25 år." *Korsets seier* el 14 de septiembre de 1935 p. 5.

Misioneros pentecostales suecos

Ya conocemos a Albin Gustavsson, quien junto con su esposa Fanny y otros seis misioneros pentecostales suecos llegaron a Argentina en 1920. Al principio trabajaron junto a Berger Johnsen en Embarcación. Una de ellos, Hedvig Berg, se convirtió en esposa de Johnsen en 1921, como ya hemos visto.

Algunos de los misioneros suecos fueron a Bolivia, pero la mayoría permaneció en Argentina. Axel Severin y su esposa se mudaron en 1921 a Buenos Aires, donde el 26 de febrero del año siguiente se fundó una pequeña congregación pentecostal. En 1925 regresaron a Suecia, pero fueron reemplazados por Beda y Gunnar Svensson como nuevos pastores.[20] Desde el principio parece haber habido buenas relaciones y una interacción regular entre los misioneros escandinavos. Esto también aplica a la danesa Annina Kjælstrup y a su compatriota Niels Sørensen. Ambos habían llegado ya en 1913 y, pocos años después de casarse, establecieron su propia obra en Bolívar, en las afueras de la ciudad de Buenos Aires. Los misioneros escandinavos compartían la misma comprensión teológica, a menudo llamada el modelo congregacional sueco, con congregaciones libres e independientes en lugar de estar sujetas a alguna organización misionera extranjera.[21]

Erling y Alvina Andresen

De Erling Andresen sabemos que trabajó como evangelista en el norte de Noruega en el período 1922-25.[22] Esto coincidió en parte en el tiempo con la estadía de Berger Johnsen en Noruega, lo que parece haber sido decisivo para que Andresen sintiera un llamado misionero a Argentina.

---

[20] Se dice que el sucesor de Gunnar Svensson en Buenos Aires fue C. Fredrikson, quien publicó la revista *El Heraldo Pentecostal*, que luego cambió su nombre a *El Heraldo de Paz*. Helga Mjåvatn, "Argentina." *Korsets seier* el 30 de abril de 1949 p. 187.

[21] Bengt Samuel Forsberg, *Svensk Pingstmission i Argentina* (Huddinge: Missions-Institutet-PMU, 2000), pp. 33-43.

[22] Ya en 1919, sin embargo, es decir, antes del período en el norte de Noruega, Andresen había trabajado como evangelista. Alvina y Erling Andresen, "Hilsen fra misjonær Erling Andresen og hustru." *Korsets seier* el 26 de enero de 1946 pp. 63-4.

El plan original era irse de Noruega al mismo tiempo que Johnsen.²³ Sin embargo, no resultó así. En cambio, Andresen fue temporalmente a los Estados Unidos donde, el 22 de junio de 1926, se casó con Alvina, que era de Nordhordaland, pero pertenecía a una congregación pentecostal en Chicago. Él mismo era miembro de la congregación de Filadelfia en Oslo, pero había recibido los documentos de ordenación como misionero a través de las Asambleas de Dios escandinavas en EE UU.²⁴ Por lo tanto, los recién casados tomaron la ruta en barco desde Nueva York, pasando por Rio de Janeiro, hasta Buenos Aires.²⁵

Erling y Alvina habían pasado algún tiempo con Berger Johnsen en Embarcación y consideraron mudarse a Bolívar para trabajar con la pareja Sørensen. Mientras visitaban a Beda y Gunnar Svensson en Buenos Aires, conocieron al español Gerardo Pérez, quien en 1913 se había trasladado de Brasil a Argentina, donde ahora residía en la localidad de Río Tercero en Córdoba. Su esposa había ganado a varios vecinos para la fe cristiana y ellos eran conscientes de la necesidad de ayuda. Este fue el motivo por el que se acercaron a Gunnar Svensson para pedirle que les enviara un misionero extranjero, lo que coincidió en el tiempo con la visita de Erling y Alvina.²⁶

Así, el primer campo de actividad propio de Erling y Alvina fue Río Tercero, donde se celebró la primera reunión pública el día de Navidad de 1927.²⁷ Combinaron reuniones públicas con visitas puerta a puerta, además de repartir folletos y porciones de las Escrituras en las calles. En 1928 ya reunieron a unas 100 personas para los servicios y en febrero de 1929 celebraron la primera reunión bautismal, en la que fueron bautizadas cuatro personas. En octubre del mismo año compraron un terreno para construir su propia iglesia. La estación misionera pudo construirse gracias a que recibieron un

---

²³ Erling Andresen, "Ut til 'Argentina.'" *Korsets seir* el 20 de abril de 1925 p. 3.
²⁴ Aun así, en 1931 leemos que están "sostenidos por contribuciones de la congregación en Brooklyn, Nueva York, y amigos en Noruega." "Følgende misjonærer." *Korsets seier* el 16 de mayo de 1931 p. 5. La iglesia de Brooklyn se refiere a la Asamblea Pentecostal Escandinava de Salem, donde Arne Dahl fue el primer pastor.
²⁵ "Fra fjern og nær." *Korsets seier* el 30 de octubre de 1926 pp. 2-3.
²⁶ Forsberg, *Svensk Pingstmission i Argentina* pp. 53-4.
²⁷ Erling Andresen, *Blant indianere og katolikker i Argentina* (Oslo: Filadelfiaforlaget [n.d.]), p. 36.

préstamo sin intereses del misionero pentecostal canadiense C. M. Wortman, quien había reemplazado a Annina y Niels Sørensen en Bolívar.[28]

Ese mismo año recibieron refuerzos a través de Albin Gustavsson y su familia, que habían regresado de Bolivia, y poco después comenzaron los preparativos para la construcción de su propia estación misionera.[29] Bengt Forsberg escribe:

> Los misioneros tuvieron éxito en su trabajo y la congregación creció. Muchos jóvenes llegaron a la fe. La congregación se convirtió durante mucho tiempo en un centro de trabajo congregacional en la provincia. A partir de ahí la bendición se extendería mucho más allá del escenario local. No menos de veinte jóvenes de la congregación se convirtieron en ministros y pastores en diferentes partes del país. Alrededor de diez otras se casaron con ministros.[30]

Debido al tiempo de gira de Erling y Alvina en 1930, Albin y Fanny Gustavsson asumieron la responsabilidad principal en la estación misionera, a pesar de que su hija de 3 años muriese sólo dos semanas antes de que Erling y Alvina salieran de Río Tercero.[31] En septiembre de 1932, Erling y Alvina estaban de regreso en Argentina,[32] ahora con la congregación en Sarpsborg como parcialmente responsable de su apoyo financiero.[33] En su ausencia la congregación en Río Tercero había crecido con unas 30 personas.[34]

Varios pentecostales noruegos sintieron un llamado misionero a Argentina, y en 1930 Signora Dragland llegó a Río Tercero antes de mudarse a Buenos Aires al año siguiente.[35] Sigurd Grønvold, ya

---

[28] Alvina y Erling Andresen, "Argentina." *Korsets seier* el 24 de junio de 1939 p. 403.

[29] Erling Andresen, *Blant indianere og katolikker i Argentina* pp. 11, 23, 31, 35-8.

[30] Forsberg, *Svensk Pingstmission i Argentina* p. 54.

[31] Alvina y Erling Andresen, "Argentina." *Korsets seier* el 18 de abril de 1931 p. 5.

[32] Alvina y Erling Andresen, "Fra Argentina." *Korsets seier* el 14 de enero de 1933 p. 6.

[33] Gustav Søderberg, "Underhold av misjonær Erling Andresen, Argentina." *Korsets seier* el 22 de octubre de 1932 p. 5.

[34] Gustav Søderberg, "Vedrørende misjonær Erling Andresens underhold." *Korsets seier* el 28 de enero de 1933 p. 6.

[35] "Fra Argentina." *Korsets seier* el 30 de agosto de 1930 pp. 6-7; Signora Dragland, "Argentina." *Korsets seier* Navidad de 1931 p. 12.

mencionado, también trabajó durante un tiempo con ellos.[36] También lo hizo Kaleb Hansen, de Lillehammer, quien ministró brevemente junto a Erling y Alvina, y luego visitó a Albin y Fanny Gustavsson, quienes entonces trabajaban en la ciudad de Córdoba, antes de expresar su deseo de continuar hasta Embarcación, donde Berger Johnsen tenía su estación misionera.[37] Aun así, sólo permaneció allí un mes y medio antes de trasladarse temporalmente a Las Lomitas en la provincia de Formosa.[38]

En 1938, Albin y Fanny Gustavsson se fueron de Córdoba en favor de Chile, lo que llevó a que Alvina y Erling se hicieran cargo de la obra de ellos. Córdoba en ese momento contaba con alrededor de 300.000 habitantes, y a pesar de una distancia de 100 kilómetros entre esta ciudad y Río Tercero, Erling y Alvina optaron por viajar mensualmente a Río Tercero tanto para "servir la Santa Cena [a los miembros de la iglesia]", como también para poder seguir supervisando la congregación.[39] Helga Mjåvatn, de la congregación en Espa en las afueras de Hamar como iglesia enviadora, también había llegado recientemente a Argentina y estaba con ellos en Córdoba, pero con una función prevista en Río Tercero.[40]

Ya en 1939, Alvina y Erling habían bautizado a 30 personas y la congregación tenía más de 100 miembros.[41] Ese mismo año, fueron reemplazados por el misionero sueco Karl Fredriksson mientras reemplazaban al misionero canadiense C.M. Wortman en Bolívar. Wortman también había reemplazado anteriormente a Annine y Niels Sørensen. A través de esto vemos cómo los misioneros pentecostales noruegos, suecos, daneses y canadienses colaboraron en un objetivo común de plantar y construir congregaciones locales

---

[36] Sigurd Grønvold, "Misjon Evangelia." *Det gode Budskab* el 15 de febrero de 1932 p. 3.
[37] Kaleb Hansen, "Fra Argentina." *Korsets seier* el 17 de agosto de 1935 p. 5.
[38] Kaleb Hansen, "Argentina." *Korsets seier* el 2 de noviembre de 1935 p. 6.
[39] Alvina y Erling Andresen, "Argentina." *Korsets seier* el 24 de septiembre de 1938 p. 6.
[40] Luego de un tiempo en Río Tercero, Mjåvatn parece haberse mudado a la ciudad de Villa María y pensó en mudarse a la ciudad de San Francisco. En estas dos ciudades, así como en otros seis lugares, la congregación de Córdoba tenía iglesias anexo. Mjåvatn también escribe que recibía parte de su manutención de Noruega y parte de América del Norte. Helga Mjåvatn, "Argentina." *Korsets seier* el 13 de julio de 1946 p. 446.
[41] Alvina y Erling Andresen, "Argentina." *Korsets seier* el 25 de febrero de 1939 pp. 122-3.

autónomas y autosuficientes.[42] Como extensión de esta colaboración, se publicó una revista separada, *Heraldo Pentecostal*, luego con cambio de nombre a *Heraldo de Paz*, además de la revista infantil *Heraldo de los Niños*.[43]

En 1952, Alvina y Erling estaban en Teodoro García, Buenos Aires. En un momento u otro, Erling había pasado a formar parte de las Asambleas Pentecostales de Canadá que en Argentina junto con las Asambleas de Dios de los Estados Unidos (Assemblies og God) formarían la Unión de las Asambleas de Dios en 1947.[44] Niels Sørensen y Erling Andresen se convirtieron en los primeros superintendentes. Informaron positivamente de las reuniones del ministro de sanidad estadounidense, Tommy Hicks, en la capital argentina. Ya en 1952 se había formado un comité con la intención de conseguir que T.L. Osborn viniese, pero cuando esto no tuvo éxito, llegó Hicks.[45] Permaneció más de dos meses en Buenos Aires, y después de unas 4 semanas las reuniones fueron trasladadas del estadio de fútbol de Atlanta al de Huracán, donde estuvieron presentes como cientos de miles de participantes.[46] Alvina y Erling Andresen escribieron poco después:

> Toda Buenos Aires con sus más de 4 millones de habitantes se vio afectada por el avivamiento. Miles de personas confesaron a Jesús como su Salvador por primera vez en sus vidas. Según se informa, miles de personas también conocieron el poder sanador de Dios. 80.000 entregaron sus tarjetas donde anotaban su nombre y dirección como señal de que habían recibido a Jesús como su Salvador y querían saber más sobre la fe cristiana.[47]

---

[42] Alvina y Erling Andresen, "Argentina." *Korsets seier* el 24 de junio de 1939 pp. 403-4.

[43] Alvina y Erling Andresen, "Hilsen fra misjonær Erling Andresen og hustru." *Korsets seier* el 26 de enero de 1946 pp. 63-4. *El Heraldo Pentecostal* (1934-39) parece haber sido publicado por Carl Fredrikson, mientras que *El Heraldo de Paz* (1939-40) fue publicado por Otto Nelson. Ambas revistas fueron publicadas en Buenos Aires.

[44] Louie W. Stokes, *Historia del Movimiento Pentecostal en la Argentina* (Buenos Aires, Argentina: la autora [n.d.], p. 31.

[45] Alvina y Erling Andresen, "Vekkelse i Buenos Aires." *Korsets seier* 24 - 31 de julio de 1954 p. 475.

[46] Arnt Twetan, "Vekkelsen i Argentina." *Det gode Budskap* el 20 de abril de 1955 p. 90; Arnt Twetan, "Vekkelsen i Argentina." *Det gode Budskap* el 1 de mayo de 1955 pp. 101, 104.

[47] Alvina y Erling Andresen, "Mer om vekkelsen i Buenos Aires." *Korsets seier* el 12 de marzo de 1955 pp. 162-3.

En 1959, Alvina y Erling escribieron a los pentecostales noruegos que las congregaciones escandinavas en Argentina también formaban parte de la Unión de las Asambleas de Dios en Argentina. Esto, sin embargo, no se aplica a las congregaciones del Norte - *la misión noruega* - que no quisieron unirse a la UAD.[48] Una de las razones por las que Erling y Alvina, así como las congregaciones del sur, eligieron unirse a la organización fue que, sin el reconocimiento nacional, ya no se les permitía celebrar reuniones, y a la UAD se le había concedido este reconocimiento. Alvina y Erling continuaron escribiendo sobre los avivamientos que los rodeaban, sobre todo a través del evangelista Juan Carlos Ortiz, que había asistido a su instituto bíblico.[49] Hacia 1963, Alvina y Erling se mudaron a la ciudad de Rosario[50] y luego a Córdoba en 1968[51] antes del año siguiente "[estaban] listos para ir a América del Norte, donde [tenían] a sus hijos y a su familia."[52]

---

[48] No fue hasta 2023 que la misión noruega en el norte inició una colaboración con la UAD.

[49] Alvina y Erling Andresen, "Misjonsarbeidet bærer frukt i Argentina." *Korsets seier* el 11 de julio de 1959 p. 444. Tanto Alvina como Erling habían sido maestros en el instituto bíblico de la Unión de las Asambleas de Dios donde Erling "fue también el primer director de la escuela" además de que fue durante varios años superintendente de la denominación. Finn Jensen, "Festdager i Embarcacion." *Korsets seier* el 10 de septiembre de 1969 p. 5. En 1976 advertieron contra Ortiz, por no formar parte de las Asambleas de Dios, que su "presencia en Argentina, Paraguay, Chile y otros países de América del Sur ha llevado a la división de varias congregaciones" y que "sus libros y escritos son fuertemente destructivos y directamente antibíblicos en varias áreas." "Sør-Amerikakonferansen i Sarpsborg viser framgang." *Korsets seier* el 2 de junio de 1976 pp. 20, 19. Cf. también Nils Kastberg, "Juan Carlos Ortiz forandrer menighetslivet." *Korsets seier* el 25 de mayo de 1977 p. 2, igual como Lazaro Herrera y Ivar Vingren, "Argentinske predikanter sier sin mening om Ortiz." *Korsets seier* el 25 de junio de 1977 p. 12. Ortiz más tarde se convertiría en pastor de los miembros de habla hispana de la Catedral de Cristal de Robert Schuller en Garden Grove, California. "Juan Carlos Ortiz fra pinsebevegelsen til presbyterianerne." *Korsets seier* el 6 de agosto de 1993 p. 6.

[50] Gunnvald Opheim, "40 år i misjonens tjeneste." *Korsets seier* el 7 de diciembre de 1966 p. 4; Henry W. Spjøtvold, "Vekkelsens vinder blåser i Argentina." *Korsets seier* el 13 de mayo de 1967 p. 12.

[51] Hanne-Berit y Finn Jensen, "Frelsesmøter og dåp i Argentina." *Korsets seier* el 27 de julio de 1968 p. 12.

[52] Finn Jensen, "Festdager i Embarcacion." *Korsets seier* el 10 de septiembre de 1969 p. 5.

Afluencia constante de nuevos misioneros

En 1946, tal vez como una extensión de la conferencia sudamericana celebrada en Ski en enero, Bergljot Nordmoen de Trysil anunció su llamado misionero a Argentina.[53] En octubre del mismo año se celebró una nueva conferencia sudamericana, esta vez bajo los auspicios de la congregación Sion en Lillestrøm.[54]

Poco a poco hubo una afluencia constante de nuevos misioneros. Palma y Per A. Pedersen habían viajado a Brasil en 1949 y tres años después a Argentina, donde trabajaron al menos dos períodos en Embarcación, el antiguo campo misionero de Berger y Hedvig Johnsen.[55] Fue Per Talaasen quien durante muchos años fue su tesorero y quien se aseguró de que eventualmente recibieran apoyo permanente y una iglesia enviadora. Cuando él y su esposa Gerda pasaron un año en América Latina en el período 1959-60 y en la ciudad de Embarcación observaron personalmente a Palma y Per "[parados] con el tratamiento médico de los indígenas en un rincón de la terraza que se utiliza como una sala de estar", comenzó inmediatamente después de regresar a Noruega "a recolectar [dinero] para la enfermería y enviar fondos a medida que los recibía."[56] La enfermería se completó en 1964 y luego se amplió.

Dos años antes, Finn Jensen había anunciado su llamado misionero a Argentina después de haber trabajado como evangelista en Finnmark.[57] En 1964, su prometida, Hanne-Berit Johansen, anunció *su* llamado.[58] Se casaron a su llegada a Argentina el 31 de octubre.[59] En aquel momentos él ya llevaba casi dos años en Argentina mientras ella completaba sus estudios en Drammen como

---

[53] "Til Argentina." *Korsets seier* el 19 de octubre de 1946 pp. 674, 678.

[54] "Sør-Amerika konferansen i Lillestrøm." *Korsets seier* el 16 de noviembre de 1946 pp. 739-40.

[55] Jarle Reite, "Guds kraft forandrar indianarane." *Korsets seier* el 22 de septiembre de 1971 pp. 4-5; Gustav Iversen, "Fra Argentina." *Det gode Budskap* el 20 de mayo de 1953 p. 115; Palma y Per A. Pedersen, "Hilsen fra Sør-Amerika." *Korsets seier* el 15 de marzo de 1952 pp. 130-1. El libro de Per A. Pedersen *Blant indianere i Chaco* (Oslo: Filadelfiaforlaget, 1972) contiene descripciones de sus viajes en el norte de Argentina.

[56] Ranveig Annie Edvardsen, "Takk til Per Talaasen." *Korsets seier* el 26 de abril de 1972 p. 4.

[57] Finn Jensen, "Til Argentina." *Korsets seier* el 9 de junio de 1962 p. 359.

[58] "Til Argentina." *Korsets seier* el 19 de enero de 1964 p. 37; "Avskjedsfest for Hanne-Berit Johansen." *Korsets seier* el 24 de octubre de 1964 p. 678.

[59] "Våre misjonærer." *Korsets seier* el 13 de marzo de 1965 p. 6.

enfermera.⁶⁰ De igual manera, Frantz Mangersnes trabajó en 1963 en Juárez, en la provincia de Formosa a unos 350 kilómetros de Embarcación, luego de haber tenido su primera asignación misional en Brasil a partir de 1948.⁶¹ 1963 fue también el año en que Cyril Pedersen, hijo de Palma y Per, cuando tenía 19 años fue enviado de forma independiente por la iglesia Tabernaklet en Skien.⁶² Empezó en Rivadavia, a poca distancia de Embarcación.⁶³ Más o menos al mismo tiempo, Finn y Hanne-Berit Jensen comenzaron en la ciudad de Jujuy,⁶⁴ donde tenían como colegas a Gunnvald y Julie-Marie Opheim. Ya en 1955 fueron reconocidos como candidatos a la misión por la congregación de Vestby y al año siguiente viajaron a Argentina.⁶⁵ Después de aproximadamente dos años y medio en el centro del país, se trasladaron a Embarcación en 1958. El calor subtropical probablemente contribuyó a que Julie-Marie se enfermara gravemente, por lo que se trasladaron a la ciudad de Salta⁶⁶ antes de que se trasladara a San Salvador de Jujuy en 1965. Debido a que Hanne-Berit y Finn se fueron a Noruega después de un año de gira, a Julie-Marie y Gunnvald se les asignó la responsabilidad principal en Jujuy.⁶⁷ Con la ayuda de Hardy Mossberg en Chile, pronto se

---

⁶⁰ Hanne-Berit Jensen, *Minner fra et helt liv* (Publicación independiente, 2016), p. 6.

⁶¹ Frantz Mangersnes, "Hilsen fra Formosa, Nord-Argentina." *Korsets seier* el 23 de marzo de 1963 p. 187.

⁶² "Ny misjonær." *Korsets seier* el 23 de noviembre de 1963 pp. 738-9. A los padres de Cyril se les había aconsejado que no se llevaran a los niños con ellos cuando viajaron por primera vez a Brasil en 1949. Por lo tanto, cuando tenía cinco años, él y su hermano menor de cuatro años se quedaron con sus abuelos. No fue hasta ocho meses después que se le permitió viajar al extranjero. Esto sucedió porque su abuelo lo siguió a Oslo, donde Erling Rydse, persona de contacto para Sudamérica, siguió al niño de 5 años hasta Copenhague, donde lo dejaron con una azafata de la aerolínea escandinava SAS. Así, Cyril viajó solo, haciendo escala en el país africano de Senegal. Su abuela, sin embargo, había adjuntado una nota a su mochila con la dirección del apartado postal del misionero Leonard Pettersen en Rio de Janeiro. "Med merkelapp på ryggen til postboks i Brasil." *Korsets seier* el 5 de noviembre de 1999 p. 32.

⁶³ G. Leonard Pettersen, "Glimt fra et nytt misjonsfelt i Sør-Amerika." *Korsets seier* el 20 de noviembre de 1965 p. 7.

⁶⁴ Hanne-Berit y Finn Jensen, "Nye framstøt i Argentina." *Korsets seier* el 12 de marzo de 1966 p. 12.

⁶⁵ "Til Argentina." *Korsets seier* 28 de julio – 4 de agosto de 1956 pp. 474-5.

⁶⁶ Julie-Marie y Gunnvald Opheim, "Hilsen fra Salta, Argentina." *Korsets seier* el 23 de mayo de 1959 pp. 328-9.

⁶⁷ Hanne-Berit y Finn Jensen, "Avskjedsmøter i Paraguay." *Korsets seier* el 15 de octubre de 1966 p. 6.

transmitieron por programas de radio devocionales todas las semanas anunciando las reuniones de la congregación en Jujuy.[68] Más tarde, Opheim empezó a producir sus propios programas en lugar de recibir programas ya preparados de Mossberg, como en el inicio.[69]

En 1967, Ingjerd Øvrum, perteneciente a Tabernaklet, Skien, anunció un llamado misionero a Argentina - después de trabajar durante más de un año en el hogar Betania en Alta.[70] También Martha Kvalsvik, de Filadelfia, Hammerfest, anunció su llamado.[71] Al año siguiente, Solfrid y Roar Eriksen anunciaron *su* llamado a Argentina.[72]

En 1969 se casó Evelyn, la hija de Palma y Per A. Pedersen, con el evangelista Pedro Draganchuk, cuyos padres debido a las difíciles condiciones de los cristianos en su tierra natal habían dejado su país muchos años antes en favor de Argentina.[73] Pedro y Evelyn tenían su misión en Tartagal.[74] Unos años más tarde, se compró un terreno donde los indígenas podían vivir seguros y donde nadie podría volver a quitárselos. Casi de inmediato, 29 familias de 4 tribus diferentes se mudaron a la zona.[75]

También el hermano de Evelyn, Carlos, quien nació en Argentina, ya en su adolescencia comenzó a trabajar como evangelista itinerante[76] y eventualmente, junto con su esposa Adela, tendría

---

[68] Julie y Gunnvald Opheim, "Misjonen tar radioen i bruk i Nord-Argentina." *Korsets seier* el 3 de enero de 1968 pp. 3, 6.

[69] Thor J. Thoresen, "Sentralisering av vårt radioarbeid i Sør-Amerika." *Korsets seier* el 30 de junio de 1973 p. 9.

[70] "Ny misjonær til Argentina." *Korsets seier* el 8 de abril de 1967 p. 12. En 1968 leemos que trabaja junto a Ranveig Edvardsen en la enfermería de la estación misionera de Embarcación. Ingjerd Øvrum, "Blant skogens indianere lyder evangeliet." *Korsets seier* el 6 de marzo de 1968 p. 8.

[71] "Ny misjonær." *Korsets seier* el 18 de octubre de 1967 p. 3.

[72] "Nye misjonskandidater for Argentina." *Korsets seier* el 16 de marzo de 1968 p. 9.

[73] Finn Jensen, "Festdager i Embarcacion." *Korsets seier* el 10 de septiembre de 1969 p. 5; Jarle Reite, "Guds kraft forandrar indianarane." *Korsets seier* el 22 de septiembre de 1971 pp. 4-5.

[74] Håkon Haug, "Unge misjonærer til Argentina." *Korsets seier* el 5 de febrero de 1972 p. 12.

[75] "Hjelp indianerne med lokalbygg i Tartagal!" *Korsets seier* el 4 de agosto de 1973 p. 6.

[76] Kjetil Haugstøl, "Med evangeliet til indianerne i Argentinas skoger." *Korsets seier* el 24 de octubre de 1970 p. 7.

oficialmente una iglesia enviadora de Noruega.[77] En 1978 habían iniciado una obra en Aguaray y Pocitos.[78]

Tras una nueva gira en Noruega, Finn y Hanne-Berit emprendieron una nueva obra en Orán en 1974.[79] Allí se fundó una congregación dos años después.[80] Esta estaba siendo dirigida por un pastor nacional.

También cabe mencionar a Henry William Spjøtvold y su esposa Mildrid, quienes fueron misioneros en Argentina bajo los auspicios del Ejército de Salvación cuando experimentaron una renovación carismática a través del contacto con Alvina y Erling Andresen y luego se convirtieron en misioneros pentecostales.[81] Eran instructores en una escuela evangelista de Río Cuarto, el Centro Evangelístico, que a su vez formaba parte de una congregación local en Rosario y contaba en 1971 con unos 1.500 miembros.[82] Leemos sobre ellos por primera vez en 1965 cuando Henry, junto con Finn Jensen, estaban visitando el pueblo de Tartagal, a 60 kilómetros de la frontera con Bolivia.[83] Antes de que Henry y Mildrid fueran enviados oficialmente por una congregación parte de *Pinsebevegelsen* en Noruega, tenían a Per Talaasen como tesorero.[84] Más tarde, Zion Stavanger se convirtió en su iglesia enviadora.

La familia Spjøtvold recibió ayuda de Solfrid y Roar Eriksen, quienes fueron enviados a Argentina en 1970.[85] Después de dos años con ellos en Río Cuarto, la familia Eriksen se mudó en 1972 a Laboulaye, que entonces tenía una población de alrededor de 20.000

---

[77] "Nye misjonærer." *Korsets seier* el 19 de enero de 1977 p. 8; "Til Argentina." *Korsets seier* el 2 de julio de 1977 p. 2.

[78] "Stort behov for nytt lokale i Aguaray, Argentina." *Korsets seier* el 15 de febrero de 1978 p. 6.

[79] Hanne Berit y Finn Jensen, "Nytt virke i Argentina." *Korsets seier* el 28 de diciembre de 1974 p. 6.

[80] Hanne Berit y Finn Jensen, "Menighet dannet i Oran, Argentina." *Korsets seier* el 17 de noviembre de 1976 pp. 1, 15.

[81] Alvina y Erling Andresen, "Arbeidet i Argentina går fram." *Korsets seier* el 10 de septiembre de 1966 p. 7.

[82] Henry William Spjøtvold, "Karismatisk vekkelse i Argentina: Stort behov for undervisning." *Korsets seier* el 13 de enero de 1971 pp. 6-7.

[83] Henry William Spjøtvold, "Besøk på en utpost i Argentina." *Korsets seier* el 11 de diciembre de 1965 p. 10.

[84] Ranveig Annie Edvardsen, "Takk til Per Talaasen." *Korsets seier* el 26 de abril de 1972 p. 4; Gottfred Leonard Pettersen, "Utsendermenighet for misjonærene Spjøtvold." *Korsets seier* el 14 de diciembre de 1966 p. 15.

[85] Solfrid y Roar Eriksen, "Nye misjonærer møter Argentina." *Korsets seier* el 4 de noviembre de 1970 p. 4.

habitantes.[86] Durante su primera gira en 1974 fueron reemplazados por los Opheim.[87] Al regresar, también se pusieron a trabajar en la pequeña ciudad de Levalle, a unos 50 kilómetros de Laboulaye. En el propio Laboulaye, en el centro de la ciudad, también pudieron comprar un terreno para la congregación.[88] Aun así, la iglesia se fundó formalmente por primera vez como Asamblea de Dios – Laboulaye en 1977 con 34 miembros.[89]

Debido a la gira en Noruega, Roar y Solveig fueron reemplazados por Martha y Helge Magne Øya en 1978,[90] quienes dos años después entregaron la iglesia al argentino Juan Cáceres,[91] quien se había convertido seis años antes y después de tres años se había convertido en anciano de la congregación.[92] En 1987, la congregación contaba con más de 150 bautizados si incluimos las iglesias anexo.[93] De

---

[86] "På besøk i Argentina." *Korsets seier* el 13 de enero de 1973 p. 2; Solfrid y Roar Eriksen, "Guds ord forvandler." *Korsets seier* el 13 de enero de 1973 p. 9.

[87] "Hjem etter første periode i Argentina." *Korsets seier* el 5 de enero de 1974 p. 2.

[88] Solfrid y Roar Eriksen, "Begivenhetsrike år i Laboulaye, Argentina." *Korsets seier* el 7 de febrero de 1976 p. 5. Helge Magne Øya ya había anunciado que tenía un llamado misionero a Argentina en 1972, y junto con su esposa Martha había estado ministrando durante un tiempo a partir de 1974 en San Pedro de Jujuy. "Ny misjonær til Argentina." *Korsets seier* el 23 de septiembre de 1972 p. 4; Martha y Helge Magne Øya, "Framsteg i Argentina." *Korsets seier* el 1 de septiembre de 1976 p. 7. Astrid y Roald Jensen también llegaron a Jujuy ese mismo año y en 1975 se fundó una congregación. En 1993, el matrimonio argentino Efraín y Olga Gonzáles se convirtieron en pastores de la iglesia. Else Johannesen, "Nasjonal ledelse av menigheten i San Pedro." *Korsets seier* el 7 de mayo de 1993 p. 15.

[89] "Ny menighet dannet i Argentina." *Korsets seier* el 21 de mayo de 1977 p. 2.

[90] Martha y Helge Magne Øya, "Til ny periode i Argentina." *Korsets seier* el 13 de septiembre de 1978 p. 2.

[91] Birger Sandli, "Avskjed for Martha og Helge Magne Øya i Argentina." *Korsets seier* el 15 de octubre de 1980 p. 14. Cáceres pasó casi tres meses en Noruega en 1989 donde estuvo predicando en iglesias perteniciendo al *Pinsebevegelsen*. "Argentina-besøk i norske menigheter." *Korsets seier* el 10 de marzo de 1989 p. 5.

[92] Solfrid y Roar Eriksen, "Framgang for Guds Ord i Laboulaye, Argentina." *Korsets seier* el 12 de noviembre de 1980 p. 10.

[93] Solfrid y Roar Eriksen, "10-årsjubileum i Argentina." *Korsets seier* el 3 de abril de 1987 p. 14. En 1994, Adela y Gabriel Gorjón se convirtieron en pastores de la congregación, y en 2022 su hijo Rodrigo y su esposa Yanina fueron enviados como misioneros a los hispanohablantes en Canadá. En el mismo año, la congregación de Laboulaye tuvo "actividad en 15 lugares de Argentina, además de tener congregaciones en Brasil." Roar Eriksen, "Norsk' kirkevekst i Argentina." *Korsets seier* el 26 de agosto de 2016 p. 35. Además Rodrigo y Yanina fueron enviados a España en 2022 y cuentan con apoyo económico a través de contactos noruegos. Los padres de Rodrigo también han visitado Brasil en varias ocasiones y a través

manera similar leemos desde el pequeño pueblo del Ing. Juárez, donde la misión de *Pinsebevegelsen* en Noruega había trabajado desde 1956, por ejemplo, a través de Frantz Mangersnes, y que desde 1986 contaba con los pastores nacionales, Mary y Adolf Tasuni.[94]

Se pensó estratégicamente en la capacitación de futuros ministros nacionales, y en 1987 Finn Jensen fue elegido líder de un instituto bíblico ambulante en el norte de Argentina. La enseñanza se celebraría durante un mes en cada una de las diferentes iglesias, evitando así costos adicionales de un local propi. Inicialmente se programó estudios de uno o dos años que incluían la práctica ministerial, con el objetivo de "conseguir pastores nacionales para todas las congregaciones tanto en Argentina como en otros países de América del Sur."[95]

Benjamin, el hijo de Finn y Hanne-Berit, también participó en el instituto bíblico cuando *él* fue enviado como misionero. Inicialmente había pasado los primeros seis meses en la escuela noruega en Paraguay y luego un par de meses en Cochabamba, Bolivia antes de establecerse en el norte de Argentina, donde estaban sus padres.[96] Después de casarse con Linda en Noruega en 1991, ambos fueron enviados como misioneros, esta vez a la ciudad de Salta en

---

de ellas han conocido a misioneros brasileños en Mozambique, que ahora cuentan con el apoyo de la congregación de Laboulaye. La congregación también apoya a una mujer chilena a quien conocieron durante una visita a Noruega. La mujer participó activamente en el grupo hispano dentro de la iglesia Salem, Oslo y ahora es misionera en la India. Geir Lie, entrevista con Roar Eriksen, el 4 de abril de 2024.

[94] Britt y Birger Sandli, "Vekkelsesrapporten fra Ing. Juarez." *Ekko. Korsets seiers utenriks- og misjonsmagasin* mayo de 1987 p. 4. Todavía había una presencia pentecostal noruega dentro de la ciudad, sin embargo, y en 1991 Vidar Bullen y Ranveig A. Edvardsen informaron sobre "la inauguración de un proyecto de vivienda de 65 casas sencillas apoyado por *NORAD*," descrito aun así como "una gran transición para la mayoría de los indígenas: desde una pobre choza de tierra hasta una casa con dos habitaciones y una gran terraza." Vidar Bullen y Ranveig A. Edvardsen, "Stor dag for indianerne i Ing. Juarez, Argentina."*Korsets seier* el 18 de enero de 1991 p. 1.

[95] Hans Svartdahl, "Betel bibelinstitutt i Argentina." *Korsets seier* el 12 de junio de 1987 pp. 5, 21. "La mayoría [de los misioneros noruegos] regresaron a Noruega en los años 90 y la obra fue nacionalizada. [...] Durante el primer período después de la salida de los misioneros del país, los líderes nacionales consolidaran su posición y encontraron su propia identidad. Hoy uno encuentra una iglesia vibrante que quiere valerse por sí misma." Jørgen Cloumann, "Fattige indianere vil misjonere blant unådde." *Korsets seier* el 16 de enero de 2009 p. 22.

[96] "Benjamin O. Jensen ønsket velkommen hjem etter første periode i Argentina." *Korsets seier* el 4 de noviembre de 1988 p. 16.

Argentina.[97] Allí ya existía una congregación pentecostal, la Iglesia Betania, pero había experimentado un marcado declive y solo contaba con unas 20 personas, incluidos los niños. La congregación experimentó un crecimiento significativo después de que Benjamin y Linda llegaron e iniciaron reuniones públicas en el distrito de Santa Ana I.[98] Junto con Else Palma Øgaard, Benjamin y Linda también fundaron una congregación en el Penal Villa las Rosas, prisión de Salta. Esta congregación, La verdadera libertad, fue pastoreada por uno de los reclusos y creció en pocos años de 30 a 300 personas.[99]

En 1997 Benjamin y Linda dejaron Argentina, pero después de cuatro años en Noruega se mudaron a España donde, además de plantar iglesias, fundaron, en colaboración con el matrimonio de las Asambleas de Dios Americanas Dana y David Santiago, la escuela de discipulado, *Masters Commission*. La enseñanza se basó en *Berean School of Ministry* de las Asambleas de Dios (ahora: *Berean School of the Bible*) y consistió tanto en enseñanza teórica como en práctica evangelística. En el año 2007, Benjamín y Linda regresaron a Argentina donde se llevó a cabo la escuela de discipulado en la ciudad de Salta en el período 2007-2009. La práctica evangelística en Argentina fue en gran medida "ministerio hacia los niños, evangelización en las calles, trabajo social y ministerial."[100]

Durante el primer año tuvieron 18 estudiantes, pero cuando esa cifra bajó a 4 el año siguiente, la escuela fue reestructurada desde el año 3. Siguieron usando el mismo material, pero ahora con 5 módulos de cursos e iniciaron 8 escuelas en iglesias locales diferentes con 180 estudiantes en total. Después de cada módulo completado, Benjamin viajaba a las distintas congregaciones para realizar el examen. Alrededor de 160 estudiantes completaron los cinco módulos. Además de *Masters Commission*, también ofrecieron un programa de líderes de iglesias, utilizando una versión en español del

---

[97] "Pionerarbeid i Argentina." *Korsets seier* el 31 de mayo de 1959 p. 9.

[98] En 1997 había alrededor de 200 miembros en Iglesia, Betania. Magne Losnegård, "Fest og glede i Salta."*Korsets seier* el 23 de mayo de 1997 p. 9.

[99] Geir Lie, entrevista con Benjamin Jensen, el 8 de junio de 2024. El trabajo preparatorio para la congregación de la prisión, sin embargo, ya se había iniciado en el otoño de 1990, cuando jóvenes estudiantes de la escuela pentecostal danesa de Mariager dieron sus testimonios en una reunión en la prisión y se decidió iniciar reuniones de forma regular. Else Palma Johannesen, "Åpne dører i Salta, Argentina." *Korsets seier* el 21 de junio de 1991 pp. 10, 17.

[100] Anne Gustavsen, "Unge vil trenes til å forandre." *Korsets seier* el 20 de julio de 2007 p. 19.

EQUIP (*One Million Leaders Mandate*) de John Maxwell o LIDERE como se le llama en América Latina.[101]

Los últimos misioneros enviados para Argentina son Rakel Ystebø Alegre y su esposo argentino Ariel, ambos desde Tabernaklet, Bergen como su congregación enviadora en 2023. Rakel será una de las decanas de la recién fundada Universidad Evangélica en Buenos Aires, la cual recibirá sus primeros estudiantes a partir de marzo de 2025. Rakel y Ariel enseñarán en la universidad.

Misioneros de las Asambleas Evangélicas Libres

Los primeros misioneros argentinos enviados por las Asambleas Evangélicas Libres fueron Tordis y Daniel Dahl.[102] Daniel había pastoreado previamente la congregación Eben-Ezer en Brooklyn, EE. UU. y la Asamblea Evangélica Libre en Sarpsborg.[103] El matrimonio llegó a Argentina en 1966 y se radicó temporalmente en la ciudad de Rosario.[104] Es interesante señalar que a su llegada a Buenos Aires fueron recibidos en el muelle por Palma y Per A. Pedersen, misioneros de *Pinsebevegelsen*, mientras que en Rosario fueron recibidos por Erling Andresen.[105] Mientras vivían en Rosario, asistieron a la congregación que Andresen pastoreaba y donde Dahl bautizó a diez nuevos conversos durante un servicio bautismal.[106] Cuando se mudaron a San Salvador de Jujuy en 1967, se hizo natural

---

[101] Geir Lie, entrevista con Benjamin Jensen, el 8 de junio de 2024. Rebeca y Jorge Romero dirigieron el instituto bíblico en Salta y el instituto bíblico itinerante junto con Benjamin Jensen.

[102] Berger Johnsen había actuado en muchos sentidos independientemente de la misión de *Pinsebevegelsen* en Noruega, pero tenía lazos más fuertes con las Asambleas Evangélicas Libres. Por eso Edvin Andreassen escribe en el artículo "De Frie Evangeliske Forsamlinger har drevet misjon i 80 år." *Det gode Budskap* el 15 de marzo de 1990 p. 12: "En Argentina, la obra de Berger Johnsen fue asumida por *Pinsebevegelsen* cuando Berger Johnsen se retiró, y el DFEF no tenía misioneros que estuvieran listos para salir [de Noruega]. Las Asambleas Evangélicas Libres retomaron sus labores en Argentina en 1966."

[103] Bjarne Staalstrøm, "Nye misjonskandidater for Argentina." *Det gode Budskap* el 10 de septiembre de 1965 pp. 3-4; Tordis y Daniel Dahl, "Gå derfor ut!" *Det gode Budskap* el 10 de marzo de 1966 p. 3.

[104] Tordis y Daniel Dahl, "Familien Dahl vel ankommet til Argentina." *Det gode Budskap* el 10 de octubre de 1966 p. 3.

[105] Daniel Dahl, "På reise fra Norge til argentinsk millionby." *Det gode Budskap* el 20 de octubre de 1966 pp. 3, 7-8.

[106] Daniel Dahl, "Argentina - dagens aktuelle misjonsfelt." *Det gode Budskap* el 1 de marzo de 1967 p. 7.

trabajar junto con Gunnvald y Julie-Marie Opheim, quienes como ya sabemos, también representaban a *Pinsebevegelsen*.[107] Aun así, ese mismo año se trasladaron, esta vez a la ciudad de Tucumán, donde las Asambleas Evangélicas Libres establecieron su primera obra independiente en Argentina.[108] Antes de la Navidad del año siguiente, tuvieron un particular servicio bautismal donde fueron bautizados 7 nuevos conversos.[109] Pronto también se involucraron en un ministerio radial semanal a través del programa Una mirada de fe, que consistía tanto en predicación como en canto y donde se promovía un curso bíblico gratuito por correspondencia.[110]

Reidun y Aage Håskjold sintieron un llamado misionero durante mucho tiempo y en 1968 salieron de Noruega.[111] En 1971 escribieron a sus lectores en Noruega sobre las reuniones celebradas en los hogares de los recientemente convertidos y donde la gente constantemente llegaba a la fe.[112] Durante ese mismo año, Marit Moen de Salem, Mjøndalen anunció su propio llamado a Argentina.[113] Aun así, no llegó a Buenos Aires hasta 1973 y, al igual que la familia Dahl, se involucró en trabajo congregacional en Tucumán, así como en la iglesia anexo de Aguilares, a unos 80 kilómetros de distancia.[114] Daniel Dahl, sin embargo, fue reemplazado por Berner Solås como pastor en Tucumán ese mismo año[115] y en cambio inició un trabajo

---

[107] Tordis y Daniel Dahl, "Nytt fra Daniel Dahl i Argentina." *Det gode Budskap* el 20 de abril de 1967 p. 3.

[108] Tordis y Daniel Dahl, "Familien Dahl i Argentina etablerer sin misjonsvirksomhet i Tucuman." *Det gode Budskap* el 15 de febrero de 1968 pp. 3-4.

[109] Tordis y Daniel Dahl, "Den som tror og blir døpt. Innhøstning i Argentina." *Det gode Budskap* el 10 de febrero de 1969 p. 3.

[110] Tordis y Daniel Dahl, "Evangelisk radiomisjon over eteren i Tucuman, Argentina." *Det gode Budskap* el 1 de julio de 1969 pp. 9, 12.

[111] "Åge Håskjold med familie på vei til Argentina." *Det gode Budskap* el 10 de marzo de 1968 p. 3.

[112] Reidun y Aage Haaskjold, "Nyheter fra misj. Haaskjold i Argentina." *Det gode Budskap* el 1 de marzo de 1971 pp. 10-1.

[113] Marit Moen, "Misjonskandidat for Argentina." *Det gode Budskap* el 10 de noviembre de 1971 pp. 4-5.

[114] Marit Moen, "Marit Moen vel fremme i Argentina." *Det gode Budskap* 10-20 de abril de 1973 p. 9. Luego emprendería una obra pionera en el pueblo de La Banda Santiago, a poco menos de 200 kilómetros de Tucumán. "Misjonær Marit Moen." *Det gode Budskap* el 10 de noviembre de 1977 p. 8.

[115] Daniel Dahl, "Echeverria, Tucuman, Argentina." *Det gode Budskap* el 1 de noviembre de 1973 p. 5. Impresiona leer sobre el matrimonio Rossana y Víctor Alpaca, quienes experimentaron una conversión cristiana a través del trabajo de

pionero en Córdoba.[116] Solås permanecería en Tucumán hasta 1979, cuando él y su familia partieron hacia Aguilares, que durante mucho tiempo había sido un anexo de Tucumán a pesar de una distancia de casi 90 kilómetros.[117] No fue hasta 1990 que se trasladaron a Córdoba para servir en la congregación que Tordis y Daniel Dahl habían fundado en 1974.[118]

1976 fue el año en que Turid Sneve, de la ciudad de Mandal, anunció su llamado a la misión en Argentina, luego de haber terminado sus estudios teológicos en *Ansgarskolen*. Su iglesia enviadora fue Betania, Kristiansand.[119] En 1978 se casó con el argentino Miguel Ardiles, quien de allí en adelante trabajó junto a ella en el ministerio.[120] Como entre los misioneros de *Pinsebevegelsen*, la década de 1970 reflejó una conciencia más fuerte de la importancia de crear lazos más profundos con colaboradores nacionales. Esto se aplica tanto a Argentina como a Brasil.[121] Esta tendencia se ve confirmada en el hecho de que Luís Alberto Ledesma, de la iglesia de

---

Berner y Olaug en Tucumán. Víctor es peruano, y en 2010 leemos que los dos se mudaron de regreso a Perú donde trabajan como copastores en una congregación de 8.000 miembros en la capital Lima. Leif Frode Svendsen, "Vunnet for Jesus av de 'norske' – i dag vinner de tusener for Jesus." *Det gode Budskap* no. 6 2010 pp. 8-9.

[116] Edvin Andreassen, "Misjonærene Dahl's har leid møtesalong i Cordoba." *Det gode Budskap* el 10 de mayo de 1974 p. 3. La familia Solås fue reemplazada por la familia Haaskjold en 1977. Reidun Haaskjold, "Gleder meg til å komme ut." *Det gode Budskap* el 20 de enero de 1977 p. 7.

[117] Berner Solås, "Jesus lever!" *Det gode Budskap* el 20 de julio de 1979 pp. 1, 5. Los más de cuarenta años de actividad misionera de los Solås en Argentina se describen en el libro de Einar Vestvik *Gud skal ha æren. Olaug og Berner Solås* (Veavågen: Den frie evangeliske forsamling Klippen, 2016).

[118] Einar Vestvik, *Gud skal ha æren* p. 144. Allí, Olaug y Berner Solås trabajaron con niños de la calle, lo que contribuyó a que todas las sociedades de jubilados de Karmøy se unieran en un esfuerzo conjunto, junto con la comunidad empresarial local, para recaudar dinero para el trabajo. Sten Sørensen, "Pensjonister hjelper gatebarn i Argentina." *Det gode Budskap* el 15 de abril de 1991 p. 9.

[119] "Turid Sneve – ny misjonskandidat." *Det gode Budskap* el 20 de junio de 1976 p. 4.

[120] Turid Sneve de Ardiles, "Bryllup i Argentina." *Det gode Budskap* 10-20 de julio y el 1 de agosto de 1978 p. 8. Después de tres años en Noruega, donde Miguel había trabajado como médico, en 1990 la familia estaba nuevamente lista para partir hacia Argentina, donde Miguel quería iniciar un servicio de salud móvil en el área alrededor de Tucumán y trabajar entre personas que no podían permitirse el lujo de los servicios de salud. "Miguel E. Ardiles: Misjonslege i Argentina." *Det gode Budskap* el 1 de febrero de 1990 pp. 10-1.

[121] "Til Norge etter 4 år i Brasil." *Det gode Budskap* el 20 de agosto y el 1 de septiembre de 1979 p. 12.

Tucumán, fue invitado como conferencista a la Convención Nacional de las Asambleas Evangélicas Libres en Karmøy en 1989.[122] También visitaría las iglesias locales de la denominación y su estancia en Noruega se extendería de julio a octubre.[123] De manera similar, en 1992, después de 26 años de trabajo misionero en Argentina, leemos acerca de la primera conferencia nacional y ministerial celebrada en Tucumán.[124] Una descripción de la visita de Berner Solås y Kjell Arve Tolås a Argentina en 1997 también mostró que había pastores nacionales en varias ciudades, además de que los directores del orfanato de Los Sarmientos eran argentinos.[125] Lamentablemente el orfanato fue cerrado en 2012.[126]

Y aun así, a pesar de la nacionalización del trabajo, algunos noruegos permanecieron. Entre ellos se encontraban Edel y Sverre Vedøy, quienes construyeron un centro de conferencias en Río Ceballo, cerca de Córdoba, donde en marzo de 2003 se inauguró una escuela misionera de dos años, la Escuela de Misiones y Plantación de Iglesias (EMPI).[127]

Al momento de esta edición en 2025, Jan Bjarne y Anita Skrøvje todavía están en Argentina. Anita es hija de Olaug y Berner Solås y nació en Argentina. Después de casarse, Anita y Jan Bjarne salieron juntos de Noruega en enero de 1993 y pasaron los primeros nueve

---

[122] Edvin Andreassen, "Besøk fra Argentina til landsmøtet '89." *Det gode Budskap* el 1 de abril de 1990 p. 9.

[123] Edvin Andreassen, "Evangelist Luis Alberto Ledesma fra Argentina besøker Norge." *Det gode Budskap* el 1 de julio de 1989 p. 13.

[124] Sverre Vedøy, "Historisk dag i Argentina." *Det gode Budskap* el 15 de abril de 1993 p. 8.

[125] Kjell Arve Tolås, "Glimt fra turen til Argentina." *Det gode Budskap* el 1 de mayo de 1997 pp. 10-12. Probablemente no fue sólo en Brasil donde el papel de los misioneros cambió gradualmente, donde ya no fundaron principalmente iglesias sino que "[crearon] un canal de comunicación entre los cristianos en [el campo misionero] y Noruega, particularmente en lo que respecta a proyectos sociales." Probablemente lo mismo ocurrió tanto en Argentina como en otros países latinoamericanos donde participaron misioneros noruegos. Geirr Standal, "Rektor for voksende bibelskole!" *Det gode Budskap* no. 3 2006 pp. 34-5.

[126] Helge Nupen, "Avvikler barnehjemmet." *Det gode Budskap* no. 2 2012 p. 30.

[127] Kjell Tangen, "Åpning av Misjonsskole i Cordoba." *Det gode Budskap* el 15 de mayo de 2003 pp. 36-7. Independientemente de esto, es importante señalar que el compromiso misionero también es grande en América Latina, y hace tiempo que quedaron atrás los tiempos en que todas las misiones iban "del Oeste al resto." Lie, *El pueblo de Dios a través de los siglos* p. 163. Sólo en 2007, Argentina contó con alrededor de 200 candidatos a la misión de la Unión de las Asambleas de Dios. Asle Ystebø, "200 misjonærer klare til utreise nå." *Korsets seier* el 17 de agosto de 2007 pp. 16-7.

años en Tucumán antes de mudarse a El Mollar en 2001. Todavía supervisan las seis congregaciones en Tucumán que existían antes de 1993, además de la iglesia que ellos mismos fundaron en El Mollar. Su hija Rebeca y su esposo Cristian Tejera trabajan junto a ellos en puestos de liderazgo, mientras que su hija Verónica y su esposo Gabriel Lazán son pastores de jóvenes en una congregación más grande en la ciudad de Salta.[128]

---

[128] Geir Lie, entrevista con Anita y Jan Bjarne Skrøvje, el 18 de noviembre de 2024.

3

BRASIL

Ya hemos sido presentados a los tres ministros pentecostales italianos Luigi Francescon, Giacomo Lombardi y Lucia Menna, quienes partieron de Argentina hacia São Paulo, Brasil, en marzo de 1910. Apenas unos meses después, llegaron los dos suecos Gunnar Vingren (1879-1933) y Daniel Berg (1884-1963), quien, al igual que los tres anteriores, también tenía alguna conexión con la congregación de William Durham en Chicago.

Apenas unos meses antes de la llegada de Vingren y Berg a Brasil, mientras Berg era pastor de una iglesia bautista en South Bend, Indiana, el sueco-estadounidense Adolf Ulldin entregó un mensaje profético de que Berg debería salir como misionero a Pará, un lugar del cual ninguno de los dos conocía la ubicación.[1] Al día siguiente, Vingren visitó la biblioteca local, donde descubrió, con la ayuda de un bibliotecario y un atlas, que Pará está en Brasil.

Daniel Berg, junto con otros escandinavos, formaba parte de la congregación de Durham, y cuando Berg visitó a Vingren poco después, una nueva profecía proclamó que *ambos* tenían llamados misioneros a Brasil. La congregación de Durham asumió cierta responsabilidad como iglesia enviadora, que sin embargo *no* incluía apoyo financiero.

El 19 de noviembre de 1910 llegaron a Belém do Pará sin conocer a nadie. Después de unos seis meses, supuestamente comenzaron a ministrar en portugués, inicialmente en una iglesia bautista. Sin

---

[1] Jan-Åke Alvarsson, "Frida Vingren." *Reflexões – Uma Perspectiva Pastoral e Ecclesial* 2-1 (Enero) 2022 p. 66.

embargo, esta no estaba abierta hacia enseñanzas sobre el bautismo en el Espíritu y el hablar en lenguas, y los dos suecos, junto con 16 brasileños, pronto tuvieron que abandonar la asamblea.[2] Este fue el preludio de la denominación pentecostal *As Igrejas Evangélicas Assembleias de Deus*, que cuenta con alrededor de 12 millones de seguidores.[3]

Al principio "venían misioneros de Suecia y escandinavos de América."[4] El primer misionero pentecostal noruego, aunque "enviado desde Suecia,"[5] era Jahn Sørheim, generalmente conocido en *Korsets seier* como *John* Sørheim, quien al menos en 1925 trabajaba junto a misioneros suecos y con dirección postal en Río de Janeiro[6] y luego Santos.[7] Originalmente salió como misionero representando el Ejército de Salvación en 1924, pero sus contactos suecos lo convirtieron al cristianismo pentecostal. Su esposa Anna (apellido de soltera Johannesson) también era sueca y durante muchos años él recibió su apoyo financiero a través de iglesias en Suecia, así como de *Filadelfiaförsamlingen* en Chicago.[8]

---

[2] Jan-Åke Alvarsson, "Daniel e Sara Berg." *Reflexões – Uma Perspectiva Pastoral e Eclesial* 2-2 (Octubre) 2022 pp. 32-5. "Dos hermanas brasileñas, Celina Albuequerque y María de Nazaré, fueron las primeras en testificar que habían [recibido] el bautismo del Espíritu durante la predicación de los hermanos. Ambos pertenecían a la iglesia bautista del pueblo donde Berg y Vingren hicieron su primer [contacto], y terminó con 19 amigos [que experimentaron el poder del Espíritu] siendo expulsados de la iglesia bautista por ese motivo. Los 19 amigos antes mencionados, junto con Vingren y Berg, formaron su propia congregación el 18 de junio de 1911. Esta se convirtió en el primer germen de lo que más tarde se convertiría en una gigantesca manifestación del poder de Dios: 'Assembleia de Deus en Brasil'." Lars Førland, "5 millioner pinsevenner i Brasil." *Ekko. Korsets seiers utenriks- og misjonsmagasin* agosto de 1986 p. 10.

[3] "Assembleias do Deus no Brasil." *https://pt.wikipedia.org/wiki/Assembleias_de_Deus_no_Brasil* [Accedido el 4 de abril de 2024].

[4] G. Leonard Pettersen, "Brasil – Sør-Amerika." *Korsets seier* el 2 de enero de 1954 p. 11.

[5] "Fra Brasilien." *Korsets seier* el 7 de marzo de 1931 p. 6.

[6] John Sørheim, "Kjære Korsets Seir's læsere." *Korsets seir* el 20 de octubre de 1925 p. 7.

[7] John Sørheim, "Kjære Korsets Seir's læsere." *Korsets seir* el 17 de marzo de 1928 p. 6.

[8] Arne Dahl, "Hjem fra Brasilien." *Korsets seier* Navidad 1939 pp. 821-2. Cf. también Kristian Heggelund, "Misjonær Jahn Sørheim 50 år." *Korsets seier* el 3 de diciembre de 1949 pp. 604-5, así como los artículos "Sørheim, Anna" y "Sørheim, Jahn" en *Norsk misjonsleksikon*. Volumen 3 (Stavanger: Nomi forlag – Runa forlag, 1967), p. 883.

Luego tendremos que esperar hasta 1936 antes de que se realice el llamado misional de Ragna y Leonard Pettersen. En uno de sus libros, Leonard afirma que ya desde niño adoptó una postura cristiana. Esta postura fue renovada en 1923 y se unió activamente al Ejército de Salvación en Arendal. Dos años más tarde fue bautizado bajo los auspicios de las Asambleas Evangélicas Libres y en 1926 se unió a la asamblea local perteneciente al *Pinsebevegelsen* en Strømmen. Posteriormente se hizo miembro de Filadelfia, Oslo.

En 1933, Leonard estaba trabajando en Suecia y conoció a Daniel Berg y José de Matos, así como a otros misioneros pentecostales suecos en Brasil. Pettersen pronto tuvo un llamado misionero específico, y enviado tanto por la congregación pentecostal en Arvika, Suecia, como por la congregación pentecostal perteneciente a *Pinsebevegelsen* en Salen, Ski, en octubre de 1936 fue a Brasil. Durante muchos años, Río de Janeiro se convirtió en su "campo de trabajo [...] para la misión, la evangelización y el desarrollo de iglesias en gran parte del inmenso país."[9] Después de 4 o 5 meses en Porto Alegre, donde la familia Pettersen ayudó a los misioneros suecos Gustav y Hedvig Nordlund, que habían vivido allí durante muchos años y tenían una congregación grande y vibrante,[10] se establecieron en la ciudad de Cruz Alta, tanto para aprender portugués como para participar en la obra cristiana. Después de ocho meses, sin embargo, se trasladaron a Uruguayana, donde en 1938 se fundó una congregación con 19 miembros. Ya en 1939, habían construido su propia iglesia con capacidad para 200 personas, y para el Año Nuevo de 1939-40 la iglesia había crecido a 80 miembros.[11] La congregación fue importante para la mayor difusión del movimiento pentecostal, no sólo en Brasil, sino también en parte en Uruguay.[12] Vale la pena señalar, como escribe Pettersen, que los misioneros brasileños de varias naciones en este período participaron en una amplia

---

[9] G. Leonard Pettersen, *Pinse over grensene* (Oslo: Filadelfiaforlaget, 1989), p. 78. "Nuestro centro de trabajo en Brasil es Rio de Janeiro, la capital del país. Sin embargo, por varias razones, el trabajo se ha extendido a otros estados, en parte a través de responsabilidad directa o también a través de repetidas visitas más breves." G. Leonard Pettersen, "En del glimt fra misjonsarbeidet i Brasil." *Korsets seier* el 17 de febrero de 1951 p. 82.
[10] G. Leonard Pettersen, *Blant folkeslag i Sør-Amerika. Misjons- og reiseskildringer* (Oslo: Filadelfiaforlaget, 1947), pp. 25-6.
[11] Pettersen, *Blant folkeslag i Sør-Amerika* pp. 41-4.
[12] Pettersen, *Pinse over grensene* p. 82.

cooperación mientras buscaban construir congregaciones locales autónomas y autosostenibles.[13]

Después de un año, la familia Pettersen se mudó a Santa María, una de las ciudades más grandes del estado de Rio Grande do Sul, mientras su colega Leonardo Gonçalves se hizo cargo del trabajo en Uruguayana y sirvió como pastor de la congregación durante 50 años. Herbert Nordlund había celebrado anteriormente reuniones en Santa María, donde varias personas habían tenido una conversión cristiana. Desde entonces, un evangelista brasileño había asumido la responsabilidad de la iglesia, y cuando llegó la familia Pettersen, la congregación ya había aumentado a unos 250 miembros. En 1942, otras 90 personas fueron bautizadas y agregadas a la iglesia. La familia Pettersen luego recibió ayuda de Jovino d'Avila como evangelista recién nombrado, mientras que Leonardo Gonçalves inicialmente trabajó en los anexos antes de convertirse en el pastor principal de la congregación.[14]

Debido a la guerra, en 1943 Leonard Pettersen fue asignado a servir en la marina noruega en Inglaterra, mientras que Ragna permaneció en Brasil.[15] La familia se había mudado previamente a Rio de Janeiro y después de dos años en Inglaterra, Leonard se reunió con ellos.[16] La guerra ya había terminado y a la familia le pareció bien viajar a Noruega, sería su primera gira misionera. El 26 de agosto de 1945 abandonaron Rio de Janeiro, donde Leonard había "servido a la congregación durante los últimos meses."[17] Llegaron a Oslo el 18 de septiembre.[18] Unos meses más tarde, en enero de 1946, la congregación de Salen, Ski, organizó una conferencia sudamericana.

---

[13] Pettersen, *Blant folkeslag i Sør-Amerika* p. 26. La noruega Ruth Johansson, de apellido de soltera Ingelsrud, viajó a Brasil en 1951. Después de tres años allí, conoció al misionero sueco Gustaf Arne Johansson, con quien se casó en São Paulo. Después de un período de gira misionera en Noruega y Suecia en 1965, regresaron a Brasil al año siguiente. En 2017, su hijo Lars-Gustaf y su esposa brasileña Salma fueron llamados a ser pastores en Betania, Eidskog, es decir, la congregación de origen de la madre. "Avskjedsfest for misjonærene Ruth og Arne Johansson med familie." *Korsets seier* el 8 de octubre de 1966 p. 9; Anne-Marthe Hop-Hansen, "Sendte ut misjonær – får pastor i retur." *Korsets seier* el 17 de febrero de 2017 p. 25.

[14] Pettersen, *Blant folkeslag i Sør-Amerika* pp. 54-6.

[15] Ragna y G. Leonard Pettersen, "Hjemme igjen fra Brasil." *Korsets seier* el 13 de octubre de 1945 pp. 395-6.

[16] Pettersen, *Pinse over grensene* p. 98.

[17] Pettersen, *Blant folkeslag i Sør-Amerika* p. 77.

[18] Pettersen, *Blant folkeslag i Sør-Amerika* p. 80.

En el otoño del mismo año se organizó una conferencia similar en Lillestrøm.[19]

En 1946, terminó su gira misionera y se mudaron a Río Grande. Junto a ellos salió de Noruega Lorentze Thorhildsen, quien tenía experiencia previa como evangelista y había sido enviada desde Filadelfia, Oslo.[20] Al menos en 1951 estaba en Santo André, no muy lejos de la ciudad portuaria de Santos, donde ministró en una vibrante congregación bajo la dirección de un pastor brasileño.[21] Casi al mismo tiempo, las dos hermanas Ruth y Dagny Kjellås anunciaron su llamado como misioneras a Brasil y recibieron cartas de recomendación de la iglesia Sion, Trøgstad.[22]

Poco después, Ragna y Leonard recibieron un llamado de la congregación en Rio de Janeiro, ya que los misioneros pentecostales suecos Otto y Adina Nelson habían comenzado la obra misional en otro país latinoamericano. La iglesia tenía 1.500 miembros en ese momento, pero experimentó un mayor crecimiento en los años siguientes. Rio se convirtió ahora en una base natural para muchos misioneros escandinavos, que recibieron ayuda antes de trasladarse a sus propios campos de actividad.[23] Leonard también fue responsable durante un tiempo de una congregación de unos 1.200 miembros en la ciudad de Niterói, cerca de Rio de Janeiro.[24]

Una vez finalizado el período en Rio de Janeiro, la familia Pettersen emprendió una actividad misionera de corta duración en Bolivia. Sin embargo, volveremos a este asunto en el capítulo que trata de este país.

En 1948, Olaug y Leif Andersen, de Salem, Oslo, anunciaron un llamado misionero a Brasil. Leif se había unido a los pentecostales en Noruega en continuación de su propia conversión en 1936, mientras que Olaug, ya en su adolescencia, había sido convertida en un ambiente luterano antes de ser miembro de la iglesia pentecostal de

---

[19] Pettersen, *Pinse over grensene* pp. 102-3. "Sør Amerika-konferansen." *Korsets seier* el 9 de marzo de 1946 pp. 157-8.

[20] "Til Brasil." *Korsets seier* el 27 de julio de 1946 p. 481. No sabemos si el llamado de Thorhildsen, que ella conocía desde hacía varios años, se despertó de nuevo a través de la conferencia sudamericana en Ski en enero de 1946.

[21] G. Leonard Pettersen, "En del glimt fra misjonsarbeidet i Brasil." *Korsets seier* el 3 de marzo de 1951 p. 105.

[22] "Til Brasil." *Korsets seier* el 1 de febrero de 1947 pp. 73-4.

[23] Pettersen, *Pinse over grensene* p. 110.

[24] Frantz Mangersnes, "Vel framme i Brasil." *Korsets seier* el 20 de enero de 1949 p. 28.

Salem en Oslo en 1936.[25] La familia se instaló primero en Niterói hasta iniciar operaciones en el estado de Paraná,[26] específicamente la ciudad de Curitiba y por invitación de Simon Lundgren, un misionero pentecostal sueco.[27] Posteriormente se establecieron en Londrina donde dirigieron una congregación de unos 250 miembros.[28] En 1961, debido a una enfermedad, tuvieron que regresar temporalmente a Noruega.[29] Ya habían estado en Noruega dos veces, y en 1962 iniciaron su tercer período misionero en Brasil.[30] En 1963 leemos que nuevamente se encuentran en la ciudad de Curitiba.[31]

En 1948, Frantz Mangersnes también anunció su llamado a la misión y fue enviado por la congregación de Haslum en Bærum.[32] Lo mismo ocurrió con Palma y Per A. Pedersen dos años después. Tras unos meses en Rio, todos fueron enviados al estado de Mato Grosso.[33] Como hemos visto en el capítulo anterior, sin embargo, Palma y Per A. Pedersen, junto con sus hijos Evelyn y Cyril, se trasladaron a Argentina en 1952 para hacerse cargo de la obra en Embarcación.

En 1954, Berit Eriksen fue enviada a Brasil y, tras una gira misionera en Noruega, regresó a Cambé en septiembre de 1960, donde fue responsable del curso por correspondencia que Leif Andersen había creado tres años antes.[34] En 1961, *Korsets seier* anunció

---

[25] "Til Brasil." *Korsets seier* el 20 de junio de 1948 pp. 355-6.

[26] G. Leonard Pettersen, "En del glimt fra misjonsarbeidet i Brasil." *Korsets seier* el 17 de febrero de 1951 p. 82.

[27] Leif G. Andersen, "Parana, Brasil – landet med stor rikdom – og fattigdom." *Korsets seier* el 19 de abril de 1952 pp. 193-4.

[28] Olaug y Leif Andersen, "Nyttårshilsen fra Parana." *Korsets seier* el 22 de febrero de 1958 pp. 123-4.

[29] Leif Andersen, "Hjem fra Parana." *Korsets seier* el 14 de enero de 1961 pp. 27-8.

[30] Oddvar Nilsen, "Til Brasil for tredje gang." *Korsets seier* el 5 de mayo de 1962 pp. 284-5.

[31] Leif G. Andersen, "Bibelskole i Paraná." *Korsets seier* el 24 de agosto de 1963 p. 538.

[32] Gunnerius Tollefsen, "Misjonsnytt." *Korsets seier* el 30 de noviembre de 1948 p. 611.

[33] Frantz Mangersnes y Per A. Pedersen, "Fra Brasils innland." *Korsets seier* el 11 de febrero de 1950 p. 90.

[34] Berit Eriksen, "Parana, Brasil." *Korsets seier* el 11 de febrero de 1961. Gerda Lillian Aardalen, que viajó a Brasil en 1959, trabajó primero durante dos años y medio en un hospital evangélico de Londrina, en el norte de Paraná, y luego un año con Berit Eriksen en Cambé, donde trabajó como enfermera y partera, antes de su

que Jorunn y Lars Førland viajarían a Brasil durante el mes de noviembre, enviados por Salem, Lørenskog y Salem, Oslo.[35] En 1963, estaban ubicados en el "barrio cerca del río Paraná en la zona fronteriza con Paraguay,"[36] más concretamente en el pueblo de Cascavel,[37] donde la congregación tenía anexos en 7-8 lugares diferentes y donde también transmitían programas de radio evangelísticos a través de Cascavel Radio.[38] La familia Førland permaneció allí hasta que regresaron a Noruega en su primera gira misionera en 1965.[39] Como veremos en el próximo capítulo, tendrían entonces su base en Paraguay.

En 1962, el japonés Shigeji Maruyama y su esposa Aagot Berge fueron enviados por la congregación Klippen, Sandnes, a trabajar entre los inmigrantes japoneses en Brasil.[40] De la misma congregación también fueron enviados Sigrun y Oddmar Byberg en enero de 1964: ella era enfermera, mientras él había trabajado durante varios años como evangelista.[41] Durante ese mismo período, Ranveig Annie Edvardsen, formada como enfermera y partera, fue enviada desde Evangeliesalen, Oslo.[42]

Volvemos a Olaug y Leif Andersen, quienes tenían la visión de ayudar a "la gente pobre que viene a Curitiba a buscar atención médica."[43] Comenzaron con viviendas temporales para 30 o 40

---

primera gira misionera en Noruega. Gerda Lillian Aardalen, "Fra sykearbeidet i Paraná." *Korsets seier* el 18 de mayo de 1963 p. 313. Leif Andersen escribe en el artículo "Lokaler brennes i Brasil." *Korsets seier* el 16 de diciembre de 1967 p. 8: "Cuando encontré que varios de nuestros jóvenes tomaban el curso bíblico adventista por correspondencia, me sentí presionado a crear nuestro propio curso por correspondencia. En 1957, se terminó en 18 capítulos."

[35] Leonard Pettersen, "Nye misjonærer til Brasil." *Korsets seier* el 18 de noviembre de 1961 p. 728.

[36] Jorunn y Lars M. Førland, "Hilsen fra Parana – Brasil." *Korsets seier* el 2 de febrero de 1963 p. 77.

[37] Berit Eriksen, "Hilsen fra Parana." *Korsets seier* el 4 de mayo de 1963 pp. 280-1.

[38] Jorunn y Lars M. Førland, "Kamp og seier ved Paraná-floden." *Korsets seier* el 15 de junio de 1963 pp. 379-80.

[39] Josef Iversen, "På avskjedsmøter i Brasil." *Korsets seier* el 9 de octubre de 1965 pp. 13-4.

[40] "Fra Japan til Brasil som misjonærer." *Korsets seier* el 11 de agosto de 1962 p. 510. En 1974 regresaron nuevamente a Japón. "Misjonen." *Korsets seier* el 14 de diciembre de 1974 p. 10.

[41] "Nye misjonærer for Brasil." *Korsets seier* Pascua 1963 p. 222.

[42] "Til Brasil." *Korsets seier* el 16 de febrero de 1963 p. 104.

[43] Olaug y Leif Andersen, "Håpets hospits. En hjelp i nøden." *Korsets seier* el 4 de diciembre de 1971 p. 7.

personas reunidas bajo un mismo techo. La Confederación Evangélica de Asistencia Social también centró sus actividades en su propio barco misionero, el *Salem Missionária*, "para uso entre las islas del Océano Atlántico."[44] Además, se estableció una casa de descanso para ministros nacionales llamada *Oscar Andersen* en honor al padre de Leif, ex evangelista, quien había fallecido recientemente, así como trabajos de radio y la revista *Tribuna Pentecostal*.[45] También cabe señalar que la Misión Evangelista Nativa de Aril Edvardsen en *Sarons Dal* comenzó cuando Edvardsen respondió positivamente a un aviso que Andersen había publicado en *Korsets seier* donde pedía apoyo financiero para los trabajadores nacionales en Brasil.[46]

Misioneros de las Asambleas Evangélicas Libres

Las actividades misioneras de las Asambleas Evangélicas Libres en América Latina comenzaron en Brasil a través del evangelista Per Andresen, quien tuvo una conversión cristiana en la congregación Logen en Moss en 1952. Por lo tanto, fue esta congregación la que se convirtió en su iglesia enviadora.[47] Después de un breve período como pastor en la asamblea Eben-Ezer en Brooklyn, Nueva York,[48] se dirigió a Brasil donde, junto con su esposa Alice, en 1962, inició un nuevo ministerio en Cambará, un pequeño pueblo de alrededor de 25.000 habitantes.[49] Varias personas llegaron rápidamente a la fe y leemos acerca de 8 candidatos al bautismo al año siguiente.[50] Siguieron más conversiones y Andresen continuó como pastor principal en Cambará y los anexos, aunque en 1965 aceptó el llamado

---

[44] Olaug y Leif Andersen, "Håpets hospits" p. 7; Olaug y Leif Andersen, "Nye landevinninger i Parana." *Korsets seier* el 26 de enero de 1972 p. 8.

[45] Leif Andersen, "Du er i Brasil nå." *Korsets seier* el 25 de septiembre de 1982 p. 5.

[46] Anne Christiansen, "Fyrverkeri i Amazonas." *Korsets seier* el 28 de noviembre de 2014 p. 36.

[47] "Evangelist Per Andresen til Syd-Amerika." *Det gode Budskap* el 2 de enero de 1961 pp. 6-7.

[48] Per Andresen, "En liten hilsen fra Brooklyn." *Det gode Budskap* el 20 de septiembre de 1961 pp. 217, 222.

[49] Per Andresen, "Hilsen fra misjonær Per Andresen." *Det gode Budskap* el 20 de noviembre de 1962 p. 270.

[50] Per Andresen, "Hilsen fra Brasil." *Det gode Budskap* el 20 de septiembre de 1963 p. 202.

como pastor en Curitiba,⁵¹ donde, tras una conferencia de jóvenes, pudo bautizar a más de cien personas.⁵² En un saludo de Año Nuevo en 1965, Andresen escribió que visitaba Cambará cada tres meses.⁵³ Debido a diferentes circunstancias, como problemas de salud, la familia Andresen regresó a Noruega en 1967. La congregación en ese momento estaba formada por 120 creyentes bautizados y ahora era atendida por el evangelista Nicanor Pereira dos Santos, quien recibía apoyo financiero de Noruega.⁵⁴ Al año siguiente, Per Andresen regresó, pero esta vez solo por "razones escolares."⁵⁵ En 1969, sin embargo, la familia volvió a estar junta en Brasil.⁵⁶ En 1977 compraron el barco fluvial, *Espeland Betel*, para evangelizar más fácilmente a lo largo del gran río en el estado de Amazonas.⁵⁷

En 1969, May-Lise y Gunnar Standal también partieron con planes de dirigir su propia obra en Cambará.⁵⁸ Más tarde leemos que a Per Andresen, "después de trabajar relativamente aislado" durante

---

⁵¹ Per Andresen, "Brasil for Kristus." *Det gode Budskap* el 10 de agosto de 1965 p. 3. Esto no significa, sin embargo, que Andresen se convirtiera en pastor principal, sino que entabló una relación de cooperación con la congregación local Assembleia de Deus en Curitiba, que desde 1962 estaba dirigida por José Pimentel de Carvalho. Entonces "la congregación estaba formada por aprox. 2.500 miembros con una iglesia en Curitiba, 3 lugares de culto en el distrito y 7-8 iglesias anexo." Siete años más tarde había "34 pequeñas casas de culto en el campo con aprox. 6.000 miembros. Cada domingo, un total de aprox. 50 reuniones." "Brasil for Kristus." *Det gode Budskap* el 1 de octubre de 1969 pp. 8-9.

⁵² Alice y Per Andresen, "Brasil kaller." *Det gode Budskap* el 10 de noviembre de 1965 p. 3.

⁵³ Alice y Per Andresen, "Nyttårshilsen fra Brasil." *Det gode Budskap* el 1 de febrero de 1966 p. 3.

⁵⁴ "Feltet i Brasil i trygge hender." *Det gode Budskap* el 1 de junio de 1967 p. 8.

⁵⁵ Per Andresen, "Per Andresen reiser til Brasil 20. mai." *Det gode Budskap* el 1 de mayo de 1968 p. 9.

⁵⁶ Alice y Per Andresen, "Ut til en ny periode i Brasil." *Det gode Budskap* el 1 de diciembre de 1969 pp. 7, 4; Alice y Per Andresen, "Brasil." *Det gode Budskap* el 1 de febrero de 1970 p. 8.

⁵⁷ Alice y Per Andresen, "Flodmisjon åpnes i Amazonas." *Det gode Budskap* el 10 y el 20 de agosto de 1977 p. 11. En 1978 leemos que tenían "15 evangelistas nativos, así como 4 barcos fluviales que con sus evangelistas nativos realizan una gran obra evangelística." Per Andresen, "Hjem fra Brasil." *Det gode Budskap* el 20 de mayo de 1978 p. 1. En 1979 leemos sobre los planes para fundar una imprenta en Curitiba en continuación de un viaje breve de Andresen y el evangelista Raymann Karlsen a Brasil. Edvind Andreassen, "Per Andresen til Brasil igjen." *Det gode Budskap* el 10 de enero de 1979 pp. 6, 9. Sólo durante 1985 se imprimieron unos 16 millones de tratados y más de 50.000 libros. Rolf Kjeilen, "På reise i Brasil 1985-4." *Det gode Budskap* el 1 de noviembre de 1985 p. 16.

⁵⁸ May-Lise y Gunnar Standal, "Takk til vennene fra misj. Standal og frue." *Det gode Budskap* 10-20 de diciembre de 1969 p. 10.

2 años en Cambará, le "ofrecieron cooperar con este movimiento de avivamiento evangélico", es decir la Assembleia de Deus, que "ha sido de beneficio mutuo."[59] Andresen fue "responsable de la obra en Cambará" hasta que él y su familia regresaron temporalmente a Noruega en 1973 y Gunnar Standal asumió la responsabilidad principal.[60] En 1975, la familia Andresen estaba de regreso en Brasil, esta vez en la ciudad de Curitiba,[61] mientras que la familia Standal pronto dejaría Cambará en favor de la capital Brasilia.[62]

Las Asambleas Evangélicas Libres habían tenido durante mucho tiempo buenos contactos con la misión de Örebro en Suecia, y varios de los candidatos a la misión de las Asambleas Evangélicas Libres habían asistido a su instituto bíblico en Suecia.[63] En ese sentido, quizás no fue tan inesperado que el trabajo de la familia Standal en Brasil "se llevara a cabo en colaboración con la misión sueca Örebro."[64] El hecho es que la ley brasileña no permitía el establecimiento de

> congregaciones no registradas en Brasil siguiendo el modelo de las Asambleas Evangélicas Libres en Noruega. Los misioneros extranjeros [tenían que] tener un llamado de una denominación establecida en el país y trabajar de acuerdo con sus directrices. Por lo tanto, para los Standal fue muy práctico incorporarse a la denominación nacional de la misión de Örebro llamada [Convenção das Igrejas Batistas Independentes]. En español: 'Convención de Iglesias Bautistas Libres'. Las congregaciones son independientes y se rigen según principios democráticos. Se

---

[59] "Fremstill deg for Gud." *Det gode Budskap* 10 – 20 de agosto de 1969 p. 3.

[60] Gunnar Standal, "Avskjedsmøter og fest på floden i Brasil." *Det gode Budskap* 10-20 de febrero de 1973 p. 6. En 1991 leemos sobre un orfanato y una congregación con un pastor principal nacional. Olav Fjalestad, "Det nye barnehjemmet i Cambara en lysstråle i den sosiale nøden i Brasil." *Det gode Budskap* el 15 de marzo de 1991 pp. 12-3, 19, 23. En 2005, también se abrió un hogar para niños, de modo que el primer orfanato tuvo 25 niñas y el nuevo orfanato ocho niños varones. Alice y Per Andresen, "Barnehjemmet i Cambara." *Det gode Budskap* no 8 2005 p. 39.

[61] Alice y Per Andresen, "Vel fremme i Brasil." *Det gode Budskap* 10 – 20 de febrero de 1975 pp. 8-9.

[62] May-Lise y Gunnar Standal, "I Brasils hjerte - 'Brasilia'." *Det gode Budskap* el 10 de mayo de 1976 pp. 6-7.

[63] "Hva er Ørebromisjonen?" *Det gode Budskap* el 10 de julio de 1961 p. 159.

[64] "Misjonærene May-Lise og Gunnar Standal flyttet til Brasils hovedstad, Brasilia." *Det gode Budskap* 10-20 de julio de 1976 p. 6.

realiza un amplio trabajo conjunto tanto a nivel local como cuando se envían misioneros a países vecinos.[65]

Además de iniciar obras en dos distritos de Brasilia,[66] los trabajadores nacionales fueron enviados a las ciudades de Paracatu, Belo Horisonte y Vilhena. Después de un corto período de tiempo, en la recién fundada iglesia de Paracatu había alrededor de 60 miembros bautizados.[67] La familia Standal dejó Brasilia en 1981 y se fue a Manaos, en el estado de Amazonas, en el norte de Brasil.[68] Más de una década después, de nuevo hubo una mudanza, esta vez a la ciudad de Recife, en el noreste de Brasil.[69] En 1998 ya existían varias congregaciones y anexos en los distritos, con un crecimiento constante y donde algunas de las congregaciones contaban con líderes nacionales.[70] Estas iglesias también formaron parte de la

---

[65] Siman Nordmo, "Det vokser i Brasil." *Det gode Budskap* el 15 de agosto de 1981 p. 11. Cf. También el libro *Da Suécia ao Brasil. Uma história missionária*, editado por Marciano Kappaun (Campinas, Brasil: Convenção das Igrejas Batistas Independentes – CIBI, 2012). En él se describe el trabajo de la Misión de Örebro en Brasil, iniciada por los emigrantes bautistas suecos de Örebro en 1912, y se dedica un capítulo a los misioneros de las Asambleas Evangélicas Libres de Noruega (pp. 183-98). Con la excepción de Per Andresen, que trabajó con la Assembleia de Deus, los otros misioneros de las Asambleas Evangélicas Libres han colaborado con la Convenção das Igrejas Batistas Independentes. Bjørn Olsen, "100-års misjonsjubileum i Brasil." *Det gode Budskap* no. 3 2012 p. 31.

[66] El trabajo en Brasilia, después del traslado de la familia Standal, generó en 2017 casi 20 congregaciones en la zona. Oddwin Solvoll, "Misjonsmøte torsdag." *Det gode Budskap* no. 7 2017 pp. 20-1.

[67] May-Lise y Gunnar Standal, "Glimt fra misjonsarbeidet i Brasilia." *Det gode Budskap* el 10 de junio de 1979 p. 1.

[68] Siman Nordmo, "Det vokser i Brasil." *Det gode Budskap* el 15 de agosto de 1981 p. 11. Después de tres años en Manaos, la familia Standal regresó temporalmente a Noruega, y Ragnhild Kihle continuó el trabajo durante un tiempo. Después de que la familia Standal regresó a Brasil, permanecieron en el área del Amazonas durante unos diez años antes de que la congregación en Manaos tuviera un pastor principal nacional. En 2017 leemos que la congregación había enviado misioneros tanto a Perú como a Venezuela. Bjørn S. Olsen, "Eventyret i Amazonas." *Det gode Budskap* no 4 2017 pp. 2-3. También leemos que "en Manaos ya hay siete congregaciones autosostenibles con muchos anexos." Oddwin Solvoll, "Misjons-møte torsdag." *Det gode Budskap* no. 7 2017 p. 21.

[69] May-Lise y Gunnar Standal, "Nytt misjonsfelt i Brasil." *Det gode Budskap* el 15 de enero de 1992 p. 13. En 2012, leemos que May-Lise y Gunnar Standal habían establecido conjuntamente diez congregaciones en Brasil. Bjørn S. Olsen, "DFEF har satt fotspor i Brasil." *Det gode Budskap* nr 3 2012 p. 33.

[70] May-Lise y Gunnar Standal, "Framgang og vekst for arbeidet i Recife." *Det gode Budskap* no 14 1998 pp. 18-9. En 2012 leemos que ahora había "cuatro congregaciones hermanas en la ciudad con sus propios pastores, un instituto

Convenção das Igrejas Batistas Independentes.[71] Geirr Standal también se involucró allí, después de completar sus estudios teológicos en la *Ansgarskolen* en Noruega, como pastor y director del instituto bíblico.[72] Las congregaciones se involucraron en el trabajo misionero desde el principio, y una ex pareja de pastores, Tamilla y Alan Deelo, trabajaron como misioneros en el país africano de Guinea-Bissau en 2015, mientras que otra familia fue enviada a España.[73]

Turid Dahl, que ya en 1977 comenzó como evangelista en las Asambleas Evangélicas Libres y durante varios años trabajó como secretaria de niños y jóvenes en el Consejo de Niños y Jóvenes (*BUR*),[74] viajó a Brasil en 2002 y, en menos de un año, en colaboración con la Convenção das Igrejas Batistas Independentes, inició una congregación en Mogi das Cruzes, un distrito de São Paulo.[75] Junto con su primo Jakob Langåker, compró también una propiedad de 52 acres para hacer más eficiente el trabajo entre los niños: "Cada mañana, de lunes a viernes, vienen al proyecto 45 niños de entre 6 y 12 años. El día comienza con el desayuno y continúa con una breve enseñanza bíblica, juegos, trabajo artístico, ayuda con las tareas escolares y enseñanza escolar regular antes de terminar con una buena y nutritiva cena."[76] Un objetivo pronunciado era acoger a cien

---

bíblico de tres años y un gran proyecto para niños desnutridos." Oddwin Solvoll, "Eva og Geirr Standal klare for utreise til Brasil." *Det gode Budskap* no. 2 2012 p. 31. La congregación comenzó en la sala de estar de May-Lise y Gunnar, pero debido a necesidades de espacio pronto tuvieron que trasladar las reuniones al garaje. "Luego alquilaron una escuela y llevaron sillas y equipos de un lado a otro. A un corto kilómetro de distancia, pudieron comprar un terreno: un socavón donde se necesitaron entre 120 y 150 viajes con un camión cargado de material de relleno para nivelarlo. Hoy en día está establecida allí la congregación Igreja Batista Ebenezer con aprox. 350 miembros." Oddwin Solvoll, "Menigheten begynte i stuen." *Det gode Budskap* no. 1 2015 p. 22.

[71] Leif F. Svendsen, "Geirr Standal står i en rik tjeneste!" *Det gode Budskap* el 1 de junio de 2001 pp. 18-20.

[72] "Misjonærer fra Brasil." *Jesus mitt liv. DFEFs sommerstevne 10.-15. juli 2007 Åkrahallen, Karmøy* p. 3. Suplemento a *Det gode Budskap* no. 5 2007.

[73] Oddwin Solvoll, "Misjonsmøte ble frelsesmøte med barnevelsignelse." *Det gode Budskap* no. 1 2015 p. 23.

[74] Knut Østbye, "Takk, Turid!" *Det gode Budskap* no 1 1998 p. 22.

[75] Turid Dahl, "Gud har velsignet med sjelers frelse!" *Det gode Budskap* el 1 de diciembre de 2002 pp. 34, 44.

[76] "Turid og Jakob utvider i Sao Paolo." *Det gode Budskap* no 11 2004 pp. 32-3. La obra recibió el nombre de *Árvore da Vida* (Árbol de la Vida).

niños que vivían en barrios marginales.[77] Después de casarse con Karl Stokland en 2006, tanto Turid como él regresaron a Brasil donde continuaron el trabajo que ella había iniciado.[78] En 2007 había 120 niños en el grupo de edad de 6 a 12 años, además de 18 jóvenes.[79]

En 2017, Turid fue nombrada ciudadana honoraria de Mogi das Cruzes, una ciudad suburbana que entonces contaba con alrededor de 400.000 habitantes.[80] Al año siguiente, la responsabilidad principal del trabajo pasó a la trabajadora nacional Eliza María Silva, ya que Turid y Karl regresaron permanentemente a Noruega, aunque Turid continuó con viajes cortos a Brasil.[81]

También merecen atención los más de 40 años de labor misionera de Ragnhild Kihle en Brasil, que incluyó la construcción de un templo y una escuela en Campina Grande, que es el lugar donde ella "puso la mayor parte de sus esfuerzos en Brasil."[82]

Después de un año en la Escuela de Cadetes del Ejército de Salvación y luego, además de otras responsabilidades, siete años como hermana de un barrio pobre, salió como misionera salvacionista en 1969. Después de diez años en Brasil, los líderes del Ejército de Salvación pensaron que ella no tenía fuerzas suficientes para continuar, y durante una de sus giras misioneras le ofrecieron un puesto de liderazgo dentro del Ejército de Salvación en Noruega. En

---

[77] Leif F. Svendsen, "Møtesal med plass til 600 stoler." *Det gode Budskap* no 11 2004 p. 33.

[78] "Turid + Karl = Sant!" *Det gode Budskap* no 2 2006 p. 48.

[79] Leif Frode Svendsen, "Ingen kan hjelpe alle, men alle kan hjelpe noen." *Det gode Budskap* no 6 2007 pp. 32-3. En 2012, fueron aproximadamente 200 niños los que diariamente recibieron "comida, ayuda con las tareas, enseñanza en materias prácticas y teóricas además de escuchar la predicación de la Palabra de Dios." Bjørn S. Olsen, "DFEF har satt fotspor i Brasil." *Det gode Budskap* no 3 2012 pp. 32-3.

[80] Sten Sørensen, "Æresborger av Mogi das Cruzes." *Det gode Budskap* no 6 2017 pp. 26-7.

[81] Arne Håkon Hansen, "Turid Dahl Stokland gir stafettpinnen videre i Brasil." *Det gode Budskap* no. 5 2018 pp. 16-7.

[82] Bjørn S. Olsen, "DFEF har satt fotspor i Brasil." *Det gode Budskap* no. 3 2012 p. 33. Kihle llegó a Brasil por primera vez en 1969, inicialmente como misionera dentro del Ejército de Salvación, y trabajó en diversos lugares hasta que en 1996 se instaló en la ciudad de Campina Grande. Allí hizo construir una nueva escuela para 500 niños. A la edad de 79 años, Kihle comenzó entonces a construir el edificio de la iglesia, es decir, no sólo "dirigiendo el proceso de construcción y aportando dinero", sino que estaba diariamente en la obra y tenía "supervisión de los trabajos", además del hecho de que ella sola había construido la plataforma y tapiado las paredes de la piscina bautismal. Oddwin Solvoll, "Misjonær Ragnhild Kihle: Pensjonist og kirkebygger." *Det gode Budskap* no 1 2014 pp. 24-5.

realidad, se trataba de aceptar esta oferta o abandonar el Ejército de Salvación. Kihle creyó, sin embargo, que tenía un llamado de continuar en Brasil y contactó con las Asambleas Evangélicas Libres, que conocía desde su juventud. Por lo tanto, se convirtió en misionera de las Asambleas Evangélicas Libres a partir de 1981, cuando regresó a Brasil.[83]

Misioneros de *New Life Mission*

Además de *Pinsebevegelsen* y las Asambleas Evangélicas Libres, *New Lie Mission* también se involucró en Brasil. La organización misionera Maran Ata New Life Mission se fundó en 1978, pero después de una ruptura con la congregación madre Maran Ata, Oslo en 1985, se formalizó como una congregación independiente al año siguiente.[84] Wiggo Abrahamsen, ex ministro de Maran Ata, estuvo involucrado en la puesta en marcha hasta que en 1987 se mudó a São Paulo, Brasil y allí fundó la organización *Vida Nova* con énfasis en el trabajo entre los niños de la calle. Abrahamsen regresó a Noruega en 1994, pero su madre Janni continuó el ministerio. Ella inició la construcción de dos centros, en los que tenía matriculados casi 200 niños. Uno de sus principales objetivos era conseguir que todos los niños asistieran a la escuela, sobre todo mediante un trabajo de motivación dirigido tanto a los propios niños como a sus padres.[85] El trabajo se interrumpió cuando regresó a Noruega en 2012.

---

[83] Oddwin Solvoll, "Misjonær Ragnhild Kihle har skrevet sin selvbiografi." *Det gode Budskap* abril de 2016 pp. 30-1; Cf. también Ragnhild Kihle, *Mitt livs historie: Kallets tjeneste* (Horten: R. Kihle, 2015).
[84] Geir Lie, "New Life Mission" en Lie, ed., *Norsk pinsekristendom og karismatisk fornyelse* p. 121.
[85] Tore Bjørn Ringås, "Jeg kunne ha nøyd meg med å strikke sokker for misjonen." *Korsets seier* el 13 de febrero de 2004 pp. 12-3.

# 4

PARAGUAY

La historia del movimiento pentecostal en Paraguay aún no se ha escrito, pero hay mucha evidencia de que los misioneros noruegos estuvieron entre los primeros pioneros. El investigador estadounidense David Bundy cree que los primeros impulsos llegaron a través de la misión pentecostal noruega en Bolivia en la frontera con Paraguay en 1938.

Simultáneamente llegaron refugiados pentecostales alemanes, polacos y rusos durante y después de la Segunda Guerra Mundial. Estos fundaron pequeñas congregaciones, pero la persecución de los católicos creó condiciones desfavorables para el crecimiento. Raymond Stawinski fue enviado por las Asambleas de Dios Americanas en 1945, y poco después se fundó una iglesia local en Asunción.

De manera similar, la Iglesia de Dios también se estableció en Paraguay, con contactos iniciales entre germanohablantes. Antes de 1960, sin embargo, esta denominación pentecostal también contaba con una docena de iglesias en el país. Desde entonces, otras denominaciones pentecostales, un ejemplo de ello es la Iglesia Cuadrangular, también han ganado una sólida presencia en Paraguay.[1]

En nuestras propias fuentes noruegas leemos ya en 1937 que Kaleb Hansen de Lillehammer, aunque inicialmente fue enviado a

---

[1] David Dale Bundy, "Paraguay" en Burgess y van der Maas, eds., *The New International Dictionary of Pentecostal Charismatic Movements* p. 198. Otros han argumentado que los dos primeros misioneros americanos de las Asambleas de Dios llegaron ya en 1936. Inge Bjørnevoll, "I Paraguay: Ein misjonseksplosjon!" *Ekko. Korsets seiers utenriks- og misjonsmagasin* febrero de 1988 p. 10.

Argentina, visitó Paraguay: "Naturalmente, intentaré reunir a los paraguayos para servicios aquí, para que cuando Dios me dé lo necesario y cuando el pueblo empiece a confiar, la bandera de la salvación también se ize aquí en Monte Sociedad."[2] Poco después, Hansen optó por trasladarse a la capital, Asunción.[3]

Probablemente sea correcto decir que el movimiento pentecostal como tal surgió a través de los misioneros suecos Beda y Gunnar Svensson, quienes habían trabajado anteriormente en Buenos Aires, Argentina.[4] Celebraron su primera reunión pública en Asunción el 1 de junio de 1938. Al año siguiente se fundó la primera congregación de Filadelfia, con 15 miembros. Gunnar Svensson siguió siendo el pastor principal de la congregación hasta su muerte en 1952 y luego fue sucedido por su esposa. Posteriormente, el misionero sueco Nils Ivan Kastberg asumió el cargo y durante su mandato se establecieron varios anexos.[5] Uno de los que se convirtió gracias al ministerio de Kastberg fue el paraguayo Leonardo Alderete, quien durante varios años fue apoyado económicamente desde Noruega como evangelista antes de ser llamado a ser pastor de la congregación Filadelfia en Asunción.[6] En 1972, la iglesia tenía alrededor de 400 miembros si incluimos a los pertenecientes a los anexos.[7]

Luego tenemos que remontarnos hasta 1952, cuando Bergljot Nordmoen comenzó la obra misional en Paraguay[8] después de haber permanecido más de un año en España,[9] un período que incluyó el

---

[2] Kaleb Hansen, "Fra Paraguay." *Korsets seier* el 23 de enero de 1937 p. 6.

[3] Kaleb Hansen, "Fra Paraguay." *Korsets seier* el 5 de marzo de 1938 p. 6.

[4] "Muchas veces se me ha hecho largo el tiempo cuando he caminado solo aquí, por eso he tratado de escaparme al menos a otro país, pero ahora veo en su totalidad cuán grande es Dios que ha dispuesto este descarriado camino mío aquí en Paraguay. Misionero Svensson que durante aprox. 13 años ha trabajado en Buenos Aires, Argentina, ahora ha venido aquí con su familia, algo que no podía imaginar ni en mis sueños. [...] Efectivamente estaba pensando en salir de Paraguay a finales de este año, pero si Dios me ayuda de alguna manera, después de la llegada de Svensson, intentaré aguantar por más tiempo, al menos mientras Dios quiera." Kaleb Hansen, "Paraguay." *Korsets seier* el 17 de septiembre de 1938 p. 6.

[5] "I dag har bevegelsen grupper mange steder i Paraguay." *Korsets seier* el 23 de enero de 1971 pp. 6-7.

[6] Lars M. Førland, "Besøk fra Paraguay." *Korsets seier* el 19 de agosto de 1972 p. 6.

[7] Lars M. Førland, "'Vi venter himmelsk vårregn', sier paraguayisk pastor." *Korsets seier* el 9 de septiembre de 1972 p. 9.

[8] Anna Strømsrud, "Radioarbeid på tale i Paraguay." *Korsets seier* el 16 de febrero de 1972 pp. 1, 8.

[9] Erling Ritse, "Fra Sør-Amerika." *Korsets seier* el 8 de noviembre de 1952 p. 541.

aprendizaje del español. Después de un mes en Brasil, voló a Asunción, pero después de un breve período con Beda Svensson tuvo claro que debía ir a la ciudad de Concepción.[10] Debido a la oposición católica, sin embargo, decidió iniciar una obra en Bella Vista, cerca de la frontera con Brasil, además de permanecer unos meses en la estación misionera de Embarcación, Argentina.[11]

Recibió asistencia de Gunvor Johansen, enviada desde Filadelfia, Sarpsborg y Ruth Kjellås en 1956 antes de que estas iniciaran una obra en Paso Cadena,[12] el cual estaba rodeado de pequeños pueblos indígenas en lo profundo de la selva.[13] Pronto las tres mujeres recibieron ayuda de Frantz Mangersnes, que había trabajado anteriormente tanto en Brasil como en Argentina.[14] En 1961, sin embargo, Kjellås y Johansen regresaron a Noruega, y leemos que Bergljot Nordmoen era entonces la única misionera noruega en Paraguay.[15] En 1963, mientras estaba en Noruega, se casó con Olav Norheim, quien anunció un llamado misionero a Paraguay ese mismo año después de haber servido como evangelista y pastor en Noruega durante alrededor de 28 años.[16]

---

[10] Bergljot Nordmoen, "Hilsen fra Paraguay, Sør-Amerikas hjerte." *Korsets seier* el 17 de octubre de 1953 pp. 650-1.

[11] Bergljot Nordmoen, "Opplevelser i Sør-Amerika." *Korsets seier* el 9 de junio de 1956 pp. 363-4.

[12] "En 1958, tres hermanas solteras [...] llegaron a Paso Cadena y comenzaron a trabajar entre los indígenas Ava Guaraní que vivían en la zona. Todo empezó de forma muy sencilla con lecciones de lectura, cuidados de enfermería y reuniones bajo un gran árbol." Inge Bjørnevoll, "Høytidsdag da kirken i Paso Cadena ble innviet." *Korsets seier* el 7 de octubre de 1994 p. 12.

[13] Gunvor Johansen, "Til Paraguay." *Korsets seier* el 7 de julio de 1956 p. 427; Ruth Kjellås, "En hilsen fra Paso Cadena, Paraguay." *Korsets seier* el 6 de diciembre de 1958 p. 779. Cfr. también el folleto publicado de forma independiente por Gunvor Iversen y titulado *Ut til Paraguay* [n.d.]. Partes de la historia ya han sido documentadas en Maria Elena Forberg Benitez, "The Norwegian Pentecostal Mission and Indigenous Peoples in the Eastern Border Regions of Paraguay (1952-2015). Disseminating Colonial Worldview and Adapting to Human Rights?" Tesis de maestría en la Universitetet i Sørøst-Norge, primavera de 2024.

[14] Frantz Mangersnes, "En hilsen fra Nord-Paraguay." *Korsets seier* el 13 de junio de 1959 pp. 377-9. Para una presentación más detallada de Mangersnes, cf. Britt y Birger Sandli, "En trofast Herrens tjener legger årene inn." *Korsets seier* el 15 de octubre de 1983 pp. 14-5.

[15] Bergljot Nordmoen, "Fra Guarani-indianernes land, Paraguay." *Korsets seier* el 8 de abril de 1961 pp. 220-1.

[16] Olav Norheim, "Til Paraguay." *Korsets seier* el 7 de diciembre de 1963 p. 774. Es interesante leer las reflexiones retrospectivas de Bergljot: "Mi pensamiento se

Durante la primera gira de Gunvor Johansen por Noruega; es decir, en 1962, se casó con Josef Iversen. El mismo año ambos estuvieron en Paso Cadena,[17] y al año siguiente en el pueblo de Caacupé.[18] Además, comenzaron a realizar cultos en Ypacaraí.[19] En 1961, Anna Strømsrud anunció su llamado misionero a Paraguay después de haber servido ocho años como evangelista en el norte de Noruega. Fue enviada por la congregación en Lårdal, mientras que Eben-Ezer, Dalen en Telemark y la iglesia Betel en Vallset se convirtieron en congregaciones de apoyo financiero.[20] También leemos sobre Astrid Myrvold, con el apoyo parcial de Seattle, EE UU y en parte de la congregación en Sarpsborg, Noruega.[21]

En 1966, Ingrid y Knut Stuksrud, que vivían en Lillehammer, anunciaron un llamado misionero a Paraguay.[22] La constante afluencia de misioneros a Paraguay hizo que fuera natural ampliar la obra, y leemos sobre los planes para construir una clínica misionera en Atyrá

---

remonta al día en que, hace 14 años, pisé suelo paraguayo. [...] Cuando pienso en la primera vez aquí en Paso Cadena, cuando tuvimos escuela debajo de un árbol en el patio, con unos pocos estudiantes, y ahora este año pasado, cuando hemos tenido 60 estudiantes divididos en tres clases, y reunidos en una magnífica escuela, debo agradecer a mi Dios, que tan bien me ha ayudado. El tratamiento de enfermería ya no se realiza al aire libre, sino en una magnífica enfermería. Gracias a nuestros amigos en Seattle. Y ahora estoy sentada aquí en nuestro nuevo hogar misional, para el cual mi esposo cortó cada tabla y mesa, y lo instaló al estilo noruego, por lo que ahora ya no vivimos en chozas de barro." Bergljot Norheim, "Arbeidet vokser blant indianerne i Paraguay." *Korsets seier* el 21 de enero de 1967 p. 12.

[17] "Det skjer under i Paraguay." *Korsets seier* el 5 de agosto de 1972 p. 10. Gunvor y Josef Iversen, "Hilsen fra Paso Cadena, Paraguay." *Korsets seier* el 8 de septiembre de 1962 pp. 571-2. Josef Iversen había viajado anteriormente durante unos 7 años como evangelista dentro de las Asambleas Evangélicas Libres. "Våre misjonærer." *Korsets seier* el 7 de septiembre de 1963 p. 570. En 1967, Gunvor y Josef Iversen estaban de regreso en Caacupé. Gerda Lillian Aardalen, "Feltkonferanse i Paraguay." *Korsets seier* el 29 de julio de 1967 p. 7. Al año siguiente se decidió que se trasladaran a la ciudad de Concepción en el norte de Paraguay. Lars M. Førland, "Over til Concepcion." *Korsets seier* el 4 de mayo de 1968 p. 12.

[18] Berit Eriksen, "Hilsen fra Parana." *Korsets seier* el 4 de mayo de 1963 p. 280.

[19] Gunvor y Josef Iversen, "Hilsen fra Caacupé." *Korsets seier* el 24 de agosto de 1963 pp. 538-9. Cf. también Anne Gustavsen, "Ukens portrett: Gunvor Iversen." *Korsets seier* el 19 de febrero de 1983 pp. 7, 15.

[20] "Ny misjonær." *Korsets seier* el 11 de febrero de 1961 p. 91.

[21] Hanne-Berit y Finn Jensen, "Avskjedsmøter i Paraguay." *Korsets seier* el 15 de octubre de 1966 p. 6. "Ella es de Sarpsborg, enviada desde Filadelfia, con el apoyo de Seattle. Permaneció en Estados Unidos cinco años antes de venir a Paraguay. Tiene tres años de seminario bíblico en Seattle y una buena experiencia en el trabajo personal de ganancia de almas." Anna Strømsrud, "Indianere får høre evangeliet for første gang." *Korsets seier* el 21 de octubre de 1967 p. 12.

[22] "Nye misjonærer til Paraguay." *Korsets seier* el 10 de diciembre de 1966 p. 7.

donde Asta Hadland y Gerda Lillian Aardalen se establecerían.[23] Ciertamente por esta misma razón, la Misión de *Pinsebevegelsen* en Noruega fue registrada como una entidad legal separada en Paraguay bajo el nombre La Misión Noruega del Movimiento Pentecostal en Paraguay - abreviado como Misión Norma. Una de las razones era que en el país no había plena libertad de religión y, por lo tanto, no se podía celebrar reuniones al aire libre, sino que había que tener un local propio o reunirse en privado para celebrar reuniones. Hasta entonces, las propiedades de la misión habían sido registradas a nombre de los misioneros, pero serían transferidas a la Misión Norma como legítima propietaria.[24] En la propia inauguración de la clínica de Atyrá en 1967 participaron tanto el jefe de policía como el alcalde, así como el embajador de Noruega en Argentina, Uruguay y Paraguay.[25]

En el capítulo anterior leímos sobre Sigrunn y Oddmar Byberg que habían trabajado en Brasil. En 1965 llegaron a Paraguay y finalmente se establecieron en Ypacaraí, a unos 30 kilómetros de Asunción, la capital de Paraguay. Jorunn y Lars M. Førland también fueron allí en 1967 después de haber estado en Noruega durante un año y medio de gira.[26] Ellos asumieron la responsabilidad de construir

---

[23] Øyvind Hamre y Georg Surland-Hansen, "Nytt misjonsprosjekt i Paraguay." *Korsets seier* el 21 de diciembre de 1966 p. 12; Gerda Lillian Aardalen, "Norsk pinsemisjon innregistrert i Paraguay." *Korsets seier* el 20 de mayo de 1967 p. 12; "Nytt misjonsprosjekt i Paraguay." *Korsets seier* el 21 de diciembre de 1966 p. 12. La estación misionera fue un hecho al año siguiente. Gerda Lillian Aardalen y Asta Hadland, "Ny misjonsstasjon åpnet i Atyra, Paraguay." *Korsets seier* el 21 de junio de 1967 p. 5. Cuando Hadland regresó a Noruega para su gira misionera en 1968, fue reemplazada temporalmente por Lisbeth Jensen, quien era misionera en Chile. Asta Hadland, "Åpen dør for Guds ord i Atyra, Paraguay." *Korsets seier* el 2 de octubre de 1968 p. 8.

[24] Gerda Lillian Aardalen , "Norsk pinsemisjon innregistrert i Paraguay." *Korsets seier* el 20 de mayo de 1967 p. 12.

[25] Lars M. Førland, "Misjonshistorie skrevet i Paraguay." *Korsets seier* el 13 de enero de 1968 p. 1.

[26] Lars M. Førland, "Ypacarai – et sted med mange muligheter." *Korsets seier* el 28 de junio de 1967 p. 3; Jorunn y Lars M. Førland, "Salem, Lørenskog, har Paraguay som ytterste utpost og gir evangeliet og sosial hjelp til de nødlidende." *Korsets seier* el 4 de octubre de 1967 pp. 5, 8.

un orfanato[27] además de "supervisar la obra evangélica allí."[28] En este sentido, es cierto que el orfanato "contribuyó a formar el fundamento de la iglesia."[29]

En 1967, Anna Strømsrud se mudó al norte, hasta la frontera con Brasil, para desarrollar un nuevo campo misionero entre los pueblos indígenas, teniendo en mente una estación misionera, una iglesia y un internado. En sus inicios trabajó junto a Astrid Myrvold, y su base principal fue inicialmente el pueblo de Pedro Juan Caballero.[30] Strømsrud estuvo fuertemente involucrada en la asignación de aproximadamente 10,000 acres de tierra a aproximadamente 100 kilómetros de la ciudad para que los indígenas pudieran vivir allí de manera segura sin correr el riesgo de ser obligados a mudarse en el futuro. Esto se debió en parte al hecho de que muchos extranjeros habían comprado grandes extensiones de tierra y, como propietarios, no estaban interesados en tener pueblos indígenas en sus propiedades. Por lo tanto, los indígenas se vieron obligados a "instalarse en lo profundo de la selva para encontrar la paz", lo que dificultó el contacto con los misioneros.[31] Con apoyo de NORAD se construyó una "clínica, un edificio administrativo, un aserradero y algunas viviendas."[32] También se iniciaron actividades escolares.

---

[27] Jorunn y Lars M. Førland, "I dag er Angel en annen gutt." *Korsets seier* el 28 de junio de 1969 p. 12. Alrededor de 1990, el orfanato, Hogar Norma, se orientó más hacia niños con discapacidades físicas y mentales. Hanne, Jorunn y Lars M. Førland, "Flest glade og lyse dager på Hogar Norma." *Korsets seier* el 9 de noviembre de 1990 p. 9.

[28] Oddvar Nilsen, "Paraguay et av våre nyere misjonsfelt." *Korsets seier* el 21 de enero de 1970 p. 4.

[29] Kjell Larring, "Jorunn og Lars Førland ble feiret. Misjonærer i 40 år." *Korsets seier* Navidad 2001 p. 31.

[30] Anna Strømsrud, "Indianere får høre evangeliet for første gang." *Korsets seier* el 21 de octubre de 1967 p. 12.

[31] Oddvar Schjølberg, *Med Bibel og moped i Paraguays jungel. Et møte med pioner-misjonæren Anna fra Løten* (Oslo: Ibra Media Norge, 2008), p. 121.

[32] Hans Svartdahl, "Agronom på Eben-Ezer, Paraguay." *Korsets seier* el 8 de septiembre de 1976 p. 2. "Cuando se inauguró el hospital, era el primer hospital para indígenas del Paraguay. Junto con dos residencias hermanas y otras viviendas, fueron financiadas por NORAD, y el misionero Gunvor Westgård sería el administrador del hospital. Junto a ella, estuvo asistida por la enfermera Anne Lise Jorud y el agrónomo Ole Johannes Jorud. El hospital tenía una sala de maternidad, policlínico y su propio consultorio dental." Schjølberg, *Med Bibel og moped i Paraguays jungel* p. 144. Westgård y Jorud fueron reemplazados por Brit-Lajla y Rudolf Leif Larsen en 1978. Eva y Candido Figueredo trabajaron activamente en la estación en el período 1979-96, mientras que Gunvor Westgård, Henny Marie Rasmussen y

Durante un tiempo, Eva Sagen (con apellido Figueredo después de casarse) trabajó junto a Strømsrud.[33] En 1975 Strømsrud recibió la medalla al mérito del Ministerio de Defensa de Paraguay por su trabajo entre los indígenas de la colonia Eben Ezer.[34]

Desde la década de 1970, ha habido una afluencia constante de misioneros a Paraguay. Inge e Inger Johanne Bjørnevoll llegaron en diciembre de 1970,[35] mientras que Knut y Kitty Asplund fueron enviados en 1973.[36] Ese mismo año llegaron Rigmor y Thorleif Overhalden. Thorleif era profesor y enseñaba a los hijos de los misioneros noruegos en la escuela noruega recién fundada.[37] Durante el mismo período, comenzaron a comprar tiempo sistemáticamente en varias estaciones de radio locales.[38] En 1972 también se fundó formalmente la congregación Filadelfia en Encarnación con

---

Margarita Bogado estuvieron allí en la primera parte principal de la década de 1980. Schjølberg, *Med Bibel og moped i Paraguays jungel* p. 149.

[33] Oddvar Schølberg, *Med Bibel og moped i Paraguays jungel* p. 120.

[34] "KS i samtale med Anna Strømsrud om fortjenestemedalje og det daglige slit for en misjonær." *Korsets seier* el 23 de abril de 1975 pp. 5, 15.

[35] "Vel framkomne i Paraguay." *Korsets seier* el 9 de enero de 1971 p. 9.

[36] Erling Andreassen y Hans Svartdahl, "Nye misjonærer til Paraguay." *Korsets seier* el 21 de febrero de 1973 p. 8.

[37] "Thorleif Overhalden med familie til Paraguay." *Korsets seier* el 21 de julio de 1973 p. 2. "Finalmente ha comenzado esta tan esperada escuela nuestra en Paraguay. Durante varios años, las madres misioneras enseñaron a sus propios hijos en la mesa de la cocina o donde podían. Algunos de los niños noruegos probaron suerte en la escuela paraguaya, con el resultado de que olvidaron su propia lengua materna y adquirieron poco conocimiento de la geografía y la historia de su tierra natal. […] En la conferencia en Paso Cadena en 1971, se decidió enviar una solicitud al Ministerio [de Educación] de Noruega. Se puso en marcha el papeleo y, con la ayuda de personas capacitadas y entusiastas, finalmente se adoptaron los planes de la escuela. En julio de 1973, la familia Overhalden dejó Noruega y en agosto se abrió la escuela en la antigua clínica de Atyrá." Ingrid Stuksrud, "Norsk skole på misjonsmarken." *Korsets seier* el 23 de febrero de 1974 p. 8. La escuela se trasladó a Tartagal, Argentina en 1989. "Ny norsk skole i Argentina." *Korsets seier* el 17 de noviembre de 1989 p. 9. Después de solo un año, la escuela regresó a Paraguay antes de que se suspendiera medio año después, y los niños de los misioneros noruegos fueron educados en casa mientras interactuaban digitalmente con profesores en Noruega. Geir Lie, entrevista con Benjamin Jensen, el 8 de junio de 2024. La antigua clínica también ha servido como instituto bíblico además de centro de rehabilitación para drogadictos. Gerda Lillian Aardalen, "Sterkt gjensyn med Juan som hun reddet fra døden." *Korsets seier* el 27 de enero de 2006 p. 15.

[38] Oddmar Byberg, "Radioarbeidet i Paraguay." *Korsets seier* el 25 de mayo de 1974 p. 31.

alrededor de 160 miembros, repartidos en 20 localidades diferentes. Hasta entonces, el grupo había estado bajo Filadelfia, Asunción.[39]

Una iniciativa de la radio *IBRA* en 1979 relativa a una cooperación más estrecha entre las misiones de radio noruegas y suecas en Paraguay generó un mayor grado de coordinación; Uno de estos esfuerzos fue un nuevo programa de radio que inició en 1980 *IBRA* sueca en colaboración con el Centro Evangélico Filadelfia de la Misión de *Pinsebevegelsen* en Noruega en Caacupé, donde se llevó a cabo el trabajo técnico. En ese momento, *IBRA* sueca tenía la responsabilidad financiera de tres programas semanales e *IBRA* noruega de cuatro.[40]

Después de completar su formación como agrónoma en Noruega, Anna Strømsrud regresó a Paraguay en 1981. Pronto se sintió impulsada a emprender una labor pionera en la colonia indígena de Fortuna, a pocos kilómetros del pueblo de Curuguaty. Allí se abrieron una escuela primaria con capacidad para 450 alumnos, una escuela secundaria y una escuela secundaria superior, así como una iglesia.[41] Strømsrud regresó permanentemente a Noruega en 2001, pero el trabajo lo continuó el personal nacional, además de otros misioneros noruegos, como Anne Lise y Ole Johannes Jorud, Gunvor Westgård, Brit-Lajla y Rudolf Leif Larsen.[42]

"La obra misional en Paraguay se caracteriza cada vez más por el hecho que los nacionales asuman el lugar donde antes estaban a cargo

---

[39] Inge Bjørnevoll, "Merkedagar for pinserørsla i Paraguay." *Korsets seier* el 27 de septiembre de 1972 p. 12.

[40] Inge Bjørnevoll, "Skandinavisk IBRA-samarbeid i Paraguay." *Korsets seier* el 17 de mayo de 1980 p. 10. IBRA Media, anteriormente IBRA radio, es propiedad de *Pinsebevegelsen* de los países nórdicos. Una revisión sistemática del trabajo global de la *International Broadcast Association* a través de transmisiones tanto en sus propias estaciones de radio y televisión, como a través del alquiler de tiempo en estaciones de otros, merece un libro aparte.

[41] De 1986 leemos: "Durante muchos años la escuela primaria se desarrolló en pequeñas cabañas, pero poco a poco comenzaron a deteriorarse. Por lo tanto, Anna Strømsrud estaba ansiosa por construir un edificio tanto para la escuela primaria como para el recién inaugurado colegio (escuela secundaria). No tenía grandes subvenciones de las que depender, pero sí fieles amigos en Noruega que dieron, y el resultado se ha convertido en una escuela moderna con cuatro aulas y una oficina." Rudolf Leif Larsen, "Innvielse av skole i Curuguaty, Paraguay." *Korsets seier* el 17 de enero de 1986 p. 7.

[42] Schjølberg, *Med Bibel og moped i Paraguays jungel* p. 169 ff. Rudolf Larsen ha recopilado mucho material de la época de Paraguay en el sitio web "Brit-Lajla og Rudolf's side" - *https://www.pymisjon.com/Guarani/larsen_hs.htm* . [Accedido el 28 de noviembre de 2024.]

los misioneros noruegos,"⁴³ leemos del año 1987. "Nosotros, los noruegos, probablemente muchas veces hemos tomado decisiones por encima de los nacionales," afirma autocríticamente Lars Førland. Sin embargo, se creía que todavía se necesitaban misioneros noruegos en el país, sobre todo en campos pioneros entre los pobres del campo.⁴⁴ Esto lo confirma una carta firmada tanto por misioneros noruegos como por líderes nacionales solicitando que se envíen misioneros noruegos adicionales a Paraguay.⁴⁵ Debemos prestar atención a Leo Alderete, quien ya se desempeñaba como evangelista a tiempo completo cuando tenía tan solo 22 años y luego supervisó las obras de construcción de la misión de *Pinsebevegelsen* en Noruega donde se construyó la clínica en Atyrá (luego convertida en un centro de rehabilitación para drogadictos) así como el orfanato de Ypacaraí. Posteriormente, Alderete pastoreó varias congregaciones y, a la edad de 50 años, expresó gran gratitud a los misioneros pentecostales noruegos. Aun así, era importante reconocer que los tiempos cambian: las misiones pioneras donde los misioneros extranjeros dirigían la obra ya no eran relevantes. Los nuevos misioneros deberían unirse a una congregación local, ser una extensión de la iglesia ministerialmente y someterse a su liderazgo nacional.⁴⁶

---

⁴³ Jostein Janøy, "Nasjonaliseringen går videre i Paraguay." *Korsets seier* el 27 de febrero de 1987 p. 5.

⁴⁴ Janøy, "Nasjonaliseringen går videre i Paraguay" p. 5. El respeto por los nacionales se expresó de varias maneras, entre otras cosas a través de Rudolf Leif Larsen, quien además de español también había aprendido a comunicarse en guaraní. En Paso Cadena, donde él y su esposa Brit-Lajla habían trabajado durante varios años, tenían como gerente administrativo de la estación a un trabajador nacional, Maxemino Velásquez, además de otro paraguayo como director de la escuela, que en ese momento contaba con 150 estudiantes. Hans Svartdahl, "Nasjonale overtar oppgaver i Paraguay." *Korsets seier* el 21 de agosto de 1987 p. 8; Lars M. Førland, "Paraguay informerer." *Korsets seier* el 30 de octubre de 1987 p. 4. En un artículo escrito por Oddvar Johansen, "Antall misjonærer på rekordlavt nivå." *Korsets seier* el 27 de octubre de 2006 p. 17 leemos: "Hace no muchos años había más de 90 misioneros noruegos representando a *Pinsebevegelsen* en América Latina. Hoy son 18, además de algunos que se desplazan entre Noruega y este continente en diversos proyectos."

⁴⁵ Reinert O. Innvær, "Paraguay kaller på hjelp." *Korsets seier* el 6 de mayo de 1988 p. 20.

⁴⁶ Lars M. Førland, "Misjonærenes plass i den nasjonale bevegelsen." Suplemento de misión titulado *Paraguay* p. 2 y publicado junto con *Korsets seier* el 22 de mayo de 1998. Inge Bjørnevoll escribe en "En misjonerende livsstil, hva er det?" *Misjonsmagasinet*. Tema: Responsabilidad de mayordomía. *Et temamagasin for De Norske Pinsemenigheters Ytremisjon* p. 8: "Anteriormente era común enviar

Un ejemplo relevante de la nacionalización de la obra se puede ver cuando en 1989 se inició un instituto bíblico itinerante entre las distintas iglesias, y con la integración de práctica congregacional.[47] El instituto fue nombrado Instituto Teológico Filadelfia ITF[48] y fue iniciado por Margarita Müller y Aina Delgado en Atyrá. En gran medida, se convirtió en un punto de encuentro de los tres grupos independientes de Filadelfia, es decir, la obra misionera de *Pinsebevegelsen* en Noruega, *Pingströrelsen* de Suecia y *Pinsebevægelsen* de Dinamarca respectivamente.[49] Finalmente, el instituto se trasladó a Asunción y se le dio una ubicación permanente allí, mientras que los institutos bíblicos móviles continuaron como una adición complementaria. En 1998, Fabián Daniluk y su esposa Beatriz eran los líderes del Instituto Bíblico de dos años, ellos habían asumido esta responsabilidad hace varios años. En 1998, alrededor de 120 estudiantes habían completado su educación y 20 estudiantes asistieron al instituto ese año. Alrededor de 10 a 15 de los ex-alumnos estaban en ese momento comprometidos a tiempo completo como pastores o evangelistas, mientras que otros tenían otros tipos de responsabilidades de liderazgo en sus respectivas congregaciones.[50]

Otro ejemplo de la independencia del trabajo se puede ver a través del Proyecto de Libros de Texto, iniciado por pueblos indígenas que querían que su cultura se expresara en los libros escolares. Hicieron grabaciones en cintas de casete con sus consideraciones personales sobre su propia cultura, que luego fueron escritas y publicadas en los

---

trabajadores de la salud y profesores, agrónomos y expertos en construcción a los campos misioneros. Debían mejorar las condiciones de vida al mismo tiempo que ministraban la Palabra de Dios. Hoy, en la mayoría de los casos, es diferente. A donde llegan los misioneros, normalmente ya hay ministros capacitados, personal profesional y congregaciones vibrantes: los misioneros ya no se convierten automáticamente en los grandes líderes, sino que deben ingresar como parte de una colaboración bajo la dirección de líderes nacionales. El estilo de vida pionero ha sido reemplazado por el trabajo en equipo. Los nacionales, con su idioma y conocimientos culturales, difunden el mensaje cristiano mejor que nosotros los extranjeros." (Suplemento a *Korsets seier* el 18 de mayo de 2007.)

[47] Kjellaug Palma Sjølund, "Ambulerende bibelskole." *Korsets seier* el 17 de marzo de 1989 p. 13.

[48] Anna Strømsrud, "Bibelskolestart i Paraguay." *Korsets seier* el 28 de abril de 1989 p. 1.

[49] Además, "las nuevas congregaciones indígenas [...] también tienen el nombre Filadelfia." ("Paraguay." *Korsets seier* el 12 de marzo de 1999 p. 11.)

[50] Lars M. Førland, "Framtiden blir sådd i Paraguay." *Korsets seier* el 16 de octubre de 1998 p. 15.

libros. En 2005 había 26 libros que, además de texto, también incluían fotografías y dibujos.[51] Inge Bjørnevoll señala la importancia de "apoyar y alentar y tal vez abrir el camino donde el personal nacional no ha tenido éxito", por ejemplo "entre los grupos étnicos oprimidos y los pueblos indígenas."[52] Él critica la manera de pensar elitista en la que los misioneros pueden haber dirigido la obra como "reyes de la colina", sin reconocer a la gente como dueños de sus propios planes futuros.[53]

Kjellaug Palma Sjølund todavía trabaja en Paraguay. Llegó por primera vez en 1969 y desde 2011 ministra en Lambaré, una de las ciudades más grandes del país. La congregación se convirtió en una entidad legal independiente en 2015 y Sjølund es pastor de la asamblea.[54]

---

[51] Inge Bjørnevoll, "En misjonerende livsstil, hva er det?" p. 9. Lo que Bjørnevoll omitió modestamente en este artículo fue que él mismo "creó el primer libro de texto de los indígenas guaraníes basado en su propia cultura e historia." Almidio Aquino, lingüista y traductor de la Biblia, que con el apoyo de *PYM* ha traducido el Nuevo Testamento al guaraní, escribe además: "Hasta 2005 se produjeron 26 libros de texto y un diccionario trilingüe. A partir de 2006, se inició el mismo tipo de trabajo entre los Mbyá y los Aché." Almidio Aquino, "William Carey og vi." *Korsets seier* el 5 de octubre de 2012 p. 30.
[52] Inge Bjørnevoll, "En misjonerende livsstil, hva er det?" p. 8.
[53] Inge Bjørnevoll, "En misjonerende livsstil, hva er det?" p. 8.
[54] Geir Lie, entrevista con Kjellaug Palma Sjølund, el 21 de noviembre de 2024.

5

CHILE

El fundador del movimiento pentecostal en Chile fue el ministro metodista norteamericano Willis C. Hoover Kirk (1856-1936). Primero fundó una iglesia metodista en los alrededores de Iquique, pero rápidamente se mudó a Valparaíso donde pastoreó una congregación metodista a partir de 1902. Cinco años después alguien le envió el folleto *The Baptism of the Holy Ghost and Fire*, escrito por Minnie Abrams, quien en realidad era amiga de su esposa. En 1909, Hoover experimentó su Pentecostés personal, y la iglesia metodista de Valparaíso, así como otras dos congregaciones dirigidas por antiguos colegas de Hoover, se abrieron hacia las enseñanzas acerca del bautismo en el Espíritu.

Hoover se vio obligado a romper con la Iglesia Metodista y en 1910 fundó la Iglesia Metodista Pentecostal, una de las pocas denominaciones pentecostales que practican el bautismo infantil. La denominación recién establecida, sin embargo, pronto experimentó sus propias divisiones, lo que resultó en las dos denominaciones Iglesia del Señor e Iglesia Evangélica de los Hermanos Pentecostales. En 1933 hubo otra división, y esta vez fue el propio Hoover quien tuvo que abandonar la denominación recién establecida y en su lugar fundó la Iglesia Evangélica Pentecostal. En Chile hay bastantes denominaciones pentecostales representadas y una de ellas, la Iglesia Pentecostal de Chile, se convirtió en miembro del Consejo Mundial de Iglesias en 1962.[1]

---

[1] Lie, *El pueblo de Dios a través de los siglos* p. 197.

Nils Gunstad (1877-1949) fue el primer misionero pentecostal noruego en Chile. Inicialmente viajó por medio de la Misión de la Alianza Escandinava y llegó a Chile en 1903. Gunstad se mudó varias veces y probablemente se estableció primero en Valdivia, en el norte. A partir de 1906 residió en Ancud en la isla de Chiloé. Había presencia de la Alianza Cristiana y Misionera (AcyM) en Chiloé desde 1904, y esta fue probablemente la razón por la que Nils y su primera esposa Marie eligieron establecerse allí. Los Gunstad se unieron a ACyM luego de seis meses en Chile.

Alrededor de 1909, sin embargo, Nils y Marie se hicieron pentecostales. Al año siguiente, Marie escribió un extenso artículo para *Det gode Budskab* sobre los inicios del movimiento pentecostal en Chile, en la iglesia metodista de Hoover en Valparaíso. Marie se refiere a dos "hermanas humildes, que en el poder del Espíritu caminaban por todos los lugares donde había puertas abiertas." Su visita le causó "una profunda impresión."[2]

Varios años antes, Marie había experimentado "la gracia de la santificación, y había recibido un corazón puro y un nuevo poder sobre todo lo profano y pecaminoso," pero al leer cartas y revistas que mencionaban el bautismo del Espíritu, se creó en su interior un anhelo. El 6 de julio de 1910, recibió su Pentecostés personal.[3]

En 1913 los Gunstad recibieron refuerzos de Noruega a través de Kirsti Melbostad, quien, al igual que Nils y Marie, se había establecido en Ancud.[4] También conocemos a otro noruego, Emil Jakobsen, que había llegado recientemente en 1914.[5] Durante este período, los Gunstad pensaron en construir una iglesia y escribieron que T.B. Barratt había prometido aceptar dinero en su nombre en Noruega y enviárselo.[6] No se sabe exactamente cuándo, pero al menos en 1916 formaban parte de lo que ahora se había convertido en una organización unicitaria en los Estados Unidos; es decir, las *Pentecostal*

---

[2] Marie Gunstad, "Hvorledes pinseilden kom til Chile!" *Det gode Budskab* el 15 de julio de 1910 p. 54.

[3] Marie Gunstad, "Fra Sydamerika." *Det gode Budskab* el 1 de octubre de 1910 p. 73.

[4] Kirsti Melbostad, "Fra Chile." *Det gode Budskab* el 1 de agosto de 1913 p. 60.

[5] Marie Gunstad, "Syd-Amerika." *Korsets seir* el 1 de abril de 1914 p. 54.

[6] Nils y Marie Gunstad, "Fra missionærerne Gunstad." *Det gode Budskab* el 1 de diciembre de 1913 pp. 90-1; "Syd-Amerika." *Korsets seir* el 15 de noviembre de 1913 pp. 174-5.

Assemblies of the World. En consecuencia, los Gunstad estuvieron entre los primeros pioneros de la tradición pentecostal unicitaria en Chile.[7]

Nils Gunstad escribió a su familia en Noruega afirmando que estaba involucrado activamente en el trabajo ministerial en varias denominaciones, a pesar de que supuestamente era un universalista y predicaba "la doctrina de la restauración de todas las cosas."[8] Sin embargo, predicó regularmente en la Iglesia Metodista de la localidad de Pitrufquén, donde también formó parte del coro de la iglesia.[9] Se había mudado allí en 1923. Esto parece sugerir que Gunstad era de naturaleza ecléctica, ya que la combinación de universalismo y pentecostalismo unicitario apenas ha ocurrido ni antes ni después.

A pesar de ser unicitarios, los Gunstad disfrutaban una buena relación con los trinitarios y, tras la muerte de Marie en 1926, tanto el ministro bautista local como el cura anglicano pusieron a disposición los edificios de su iglesia para el funeral. Estuvieron presentes diez ministros, así como muchas misioneras de diferentes

---

[7] Eugenio Domínguez, *Noruega a Chile: En el nombre de Jesús. Biografía del misionero noruego Nils Gunstad (1877-1949)*. Edición Kindle disponible en Amazon. Todavía en 1915, sin embargo, Marie Gunstad se sentía "una con el pueblo de Dios en el Espíritu," lo que al menos incluía a los lectores de *Korsets seir*. Marie Gunstad, "S. Amerika." *Korsets seir* el 1 de mayo de 1915 pp. 68-9. Probablemente en 1916 Marie Gunstad también había escrito un artículo en la revista *Missionæren*, "sobre la restauración de todas las cosas," que aparentemente había sido mal interpretado, por lo que sintió la necesidad de afirmar que ella no compartía las doctrinas de los Testigos de Jehová. Marie Gunstad, "Fra Huillinco." *Det gode Budskab* el 1 de junio de 1916 pp. 42-3.

[8] Halvor Western, "Fra Jevnaker til Chile – historien om misjonæren Nils Gunstad." *Årbok for Hadeland*, Vol. 40 (2007) pp. 66-7. También es el universalismo, "la doctrina de la salvación de todos," lo que Barratt en 1916 explica como la razón por la que se rechazó la solicitud de apoyo financiero de Marie y Nils Gunstad: "Es lamentable, porque queríamos mucho a estos amigos, pero es imposible apoyar una enseñanza que creemos que no es bíblica." "Norges Frie Evangeliske Missionsforbund." *Korsets seir* el 1 de febrero de 1916 p. 21. Barratt puede haber entendido mal aquí, ya que en otro contexto identifica esta enseñanza de América con la "nueva luz", que a menudo se refiere a la llamada 'Nuevo Asunto' (*New Issue*), que no tenía nada que ver con la doctrina de la apokatástasis, sino que se refería exclusivamente al pentecostalismo unicitario. En ese caso, esta no es ni la primera ni la última vez que Barratt es inexacto. Las más famosas, quizás, de sus equivocaciones, sean sus numerosas referencias a Albert Benjamin Simpson en los Estados Unidos, a quien Barratt suele llamar *Adna* Simpson. "Alles frelse." *Korsets seir* el 15 de agosto de 1916 pp. 122-3. Más tarde ese año, sin embargo, Barratt identifica correctamente la "nueva luz" con el pentecostalismo unicitario.. "Det 'nye lys' saakaldet paa retur." *Korsets seir* el 15 de octubre de 1916 p. 159.

[9] Nils Gunstad, carta a Sofie, el 22 de junio de 1934. Archivo Histórico Penteostal de Noruega, *NPA-PA/Gunstad, Nils og Marie/D/L0001*.

denominaciones, y además del propio Nils, compartieron dos curas anglicanos, dos pastores bautistas y un ministro metodista algunas palabras con la congregación.[10]

Los dos primeros misioneros enviados a Chile a través de *Pinsebevegelsen* en Noruega fueron Karin y Hardy Wilhelm Mossberg.[11] Más específicamente, fueron enviados por la iglesia Salen, Halden. En 1946 habían anunciado su llamamiento como misioneros y al año siguiente llegaron a Chile. Hardy creía que su llamado a América Latina había estado latente en él desde sus días escolares, cuando la familia recibía "visitas en casa del ahora fallecido hermano Berger N. Johnsen de Argentina."[12] Hardy anticipó una estrecha colaboración con los misioneros suecos Fanny y Albin Gustavsson, quienes habían dejado Argentina en favor de Chile en 1938.[13]

En 1948, Karin y Hardy escribieron desde Lautaro, donde vivían junto con los misioneros pentecostales suecos Evert y Märta Larsson, quienes después de 14 años de trabajo ministerial en América Latina estaban a punto de regresar a Suecia. La congregación de Lautaro contaba hasta hace poco con más de 100 miembros, pero los aproximadamente 20 que vivían en la ciudad de Osorna acababan de establecer una congregación allí. Por lo tanto, Karin y Hardy serían pastores de los aproximadamente 80 miembros de Lautaro.[14] Sin embargo, después de aproximadamente un año, a fines de enero de 1950, se produjo un traslado a la ciudad de Concepción. En febrero se fundó la congregación Asamblea de Dios de Concepción con nueve miembros.[15]

---

[10] Nils Gunstad, "Fra Syd-Amerika." *Det gode Budskab* no 2 febrero de 1926 p. 1.

[11] Karin Mossberg presenta descripciones cotidianas de Chile en el libro *Ved foten av Andesfjellene* (Oslo: Filadelfiaforlaget, 1962).

[12] "Til Chile, - Sør Amerika." *Korsets seier* el 28 de diciembre de 1946 pp. 831-2.

[13] Los Gustavsson se convirtieron así en los fundadores de la Iglesia Asamblea de Dios Autónoma de Chile, en la que los misioneros de *Pinsebevegelsen* en Noruega eligieron para trabajar. Esta denominacion pentecostal publicó la revista *El Clamor* de 1953 a 1989, la cual ha sido depositada en el *Flower Pentecostal Heritage Center* en Springfield, Missouri. Desafortunadamente, no he tenido la oportunidad de consultar este material, que sin duda habría contribuido con información adicional relevante.

[14] Hardy y Karin Mossberg, "Hilsen fra Chile." *Korsets seier* el 20 de junio de 1948 p. 356.

[15] Karin y Hardy Mossberg, "Hilsen fra Chile." *Korsets seier* el 19 de agosto de 1950 p. 520. Las congregaciones que habían sido fundadas por misioneros

Rápidamente comenzaron a traducir al español el curso bíblico por correspondencia del líder pentecostal británico Howard Carter, que también se utilizó en Filadelfia, Oslo, con el nombre de *Brevskolen*.[16] El curso bíblico en español también se promovió cuando Karin y Hardy visitaron congregaciones en Argentina, Brasil y Uruguay respectivamente en 1952.[17]

Casi desde el principio, Hardy vio la importancia de la evangelización a través de programas de radio evangélicos, que finalmente se transmitieron desde varias estaciones, hasta nueve en 1964.[18] Muchos de los oyentes escribieron cartas a los misioneros, quienes en el trabajo de seguimiento enviaron porciones de la Biblia, tratados y cursos educativos.[19] Además, Hardy se involucró en la distribución de literatura cristiana a los marineros que estaban atracados en el puerto de Concepción, incluidos los noruegos.[20] La obra ministerial parece haber tenido un flujo constante, y en 1962 había "más de 60

---

pentecostales noruegos y suecos y que eventualmente tendrían pastores chilenos, fueron llamadas a menudo congregaciones pentecostales libres ya que, como aparece en la nota 13, se las identificaba como Asambleas de Dios Autónomas. Thor J. Thoresen, "De frie pinsemenigheter i Chile." *Korsets seier* el 18 de diciembre de 1968 p. 5.

[16] Karin y Hardy Mossberg, "Hilsen fra Chile." *Korsets seier* el 1 de septiembre de 1950 p. 419.

[17] Hardy Mossberg, "På langreise i Syd-Amerika." *Korsets seier* 5-12 de julio de 1952 pp. 335-6.

[18] "Tusener lytter til evangeliske radioprogram i Chile." *Korsets seier* el 17 de octubre de 1964 p. 23.

[19] "Japan, Thailand, Argentina og Chile får støtte til misjon." *Korsets seier* el 13 de enero de 1971 pp. 4-5. "En particular, Sudamérica ha demostrado ser una puerta abierta para la radio *IBRA*. Allí, en una etapa temprana, se estableció contacto con varias estaciones de radio excelentes, desde las cuales se transmiten programas regulares de *IBRA*. Radio La Cruz del Sur en Bolivia es una de ellas, desde donde se transmite un programa de 15 minutos todos los jueves. En el mismo país también se transmiten programas diarios de *IBRA*, concretamente en Radio Nacional en Cochabamba. Hay un nativo que se encarga del trabajo de radio. En Chile, se cubre toda la parte norte del país con las transmisiones de onda corta que se transmiten todos los domingos desde Radio Riquelme en Coquimbo. En países como Paraguay, Uruguay y Argentina, *IBRA* también ha participado en la misión de radio, y en estos países se intensificará el trabajo. Si nos trasladamos a Puerto Rico en las Antillas, encontraremos allí transmisiones tanto de onda media como de UKW, esta última en la ciudad de San Juan. *IBRA* participa aquí." Erik Martinsson, "Intens IBRA-aktivitet på misjonsfeltene." *Korsets seier* el 3 de marzo de 1962 p. 131.

[20] Karin y Hardy Mossberg, "Til Chile på ny." *Korsets seier* el 2 de julio de 1955 pp. 426-7.

reuniones y lecciones de escuela dominical al mes."²¹ A menudo se trataba de un ministerio inicial hacia los niños que más tarde dio lugar a la fundación de anexos.

En 1961, Gerd y Tom Bye anunciaron su llamado misionero a Chile. Tom había trabajado anteriormente durante 11 años como evangelista pentecostal en el sur, el oeste y el norte de Noruega.²² La pareja fue enviada desde Filadelfia, Kristiansand en 1962.²³ Trabajaron junto a Karin y Hardy Mossberg en Concepción hasta 1966, cuando se mudaron 600 kilómetros al norte, a Llolleo²⁴ donde en ese mismo año contaban con una congregación de 30 miembros además de haber iniciado un pequeño orfanato.²⁵ En el mismo año, nos notifican que la estudiante de enfermería Lisbeth Jensen de Salen, Halden sintió un llamado misionero a Chile.²⁶ Thor J. Thoresen hizo lo mismo y recibió una recomendación misionera de la misma iglesia en Halden.²⁷ Y si no en 1966, al menos al año siguiente, Signe Hauge había llegado a Chile.²⁸

A pesar del llamado de Lisbeth Jensen a Chile, ella permaneció un año y medio en Paraguay, como se ha documentado en el capítulo anterior, pero luego regresó a Concepción, Chile antes de mudarse al pequeño pueblo de Lautaro.²⁹ En 1971, como se mostrará en el capítulo 6, Lisbeth se casó con el misionero cubano Mario Fumero y se mudó a Honduras.³⁰ Durante este mismo período, leemos que el matrimonio Mossberg estaba a punto de regresar definitivamente a

---

[21] Karin y Hardy Mossberg, "Guds ord har framgang i Chile." *Korsets seier* el 20 de enero de 1962 pp. 44-5.

[22] Gerd y Tom Bye, "Til Chile." *Korsets seier* el 2 de diciembre de 1961 p. 763; Georg Surland-Hansen, "Anbefaling." *Korsets seier* el 2 de diciembre de 1961 p. 763.

[23] "Våre misjonærer." *Korsets seier* el 12 de octubre de 1963 p. 652.

[24] Gerd Bye, "Ny misjonsstasjon med barnehjem i Chile." *Korsets seier* el 19 de febrero de 1966 p. 7.

[25] Gerd Bye, "Dagligliv hos misjonærene i Chile." *Korsets seier* el 23 de julio de 1966 p. 12.

[26] "Nye misjonærer." *Korsets seier* el 1 de enero de 1966 p. 4.

[27] "Ut med evangeliet." *Korsets seier* el 14 de diciembre de 1966 p. 16. Aun así, no dejó Noruega hasta 1968. Thor J. Thoresen, "Blant incaindianernes ætlinger." *Korsets seier* el 16 de octubre de 1968 p. 4. Thoresen se casó con Elbjørg Aase cuando ella llegó como misionera a Chile en 1969. "Fra Bergen til Chile." *Korsets seier* el 31 de mayo de 1969 p. 3.

[28] Signe Hauge y Lisbeth Jensen, Misjonærene møter store behov i Chile." *Korsets seier* el 11 de marzo de 1967 p. 12.

[29] Signe Hauge, "Han ville ha flere i tale den kvelden." *Korsets seier* el 24 de junio de 1970 p. 5.

[30] Thor J. Thoresen, *Talende tårn* (Oslo: Filadelfiaforlaget 1980), p. 80.

Noruega.³¹ Esto realmente ocurrió en 1970, cuando Christian Romo de Chile se convirtió en el nuevo pastor en Concepción.³²

Unos años más tarde, sin embargo, llegaron nuevos misioneros: primero Liv Haddal, que había trabajado anteriormente durante varios años como evangelista en Noruega, y luego Else Ekornaas, enviada desde Salem, Oslo.³³ Durante este período, nos informan que la familia Thoresen se había establecido en la pequeña ciudad de Villa Alemana.³⁴ Else Ekornaas también se mudó allí y rápidamente se plantó una iglesia local.³⁵ En este pequeño pueblo, un vendedor de vinos llamado Claudio Navarro se convirtió en el primer converso a través del trabajo ministerial de Else en 1975. Más tarde se casaron y Claudio rápidamente se comprometió como evangelista además de administrar una librería cristiana.³⁶ A medida que los trabajadores nacionales asumieron pastorados en las diferentes iglesias, las responsabilidades de los misioneros se orientaron más hacia la enseñanza bíblica y el trabajo social.³⁷ En 1993, la iglesia de Villa Alemana contaba con casi 250 miembros bautizados. También dirigían un instituto bíblico y un hogar para niños pobres.³⁸

Las Asambleas Evangélicas Libres no han tenido ninguna misión en Chile, si ignoramos el hecho de que una de las hijas del predicador de las Asambleas Evangélicas Libres Daniel y su esposa Signe Nilsen

---

³¹ Lisbeth Jensen, "'Hjemme igjen' i Chile." *Korsets seier* el 14 de febrero de 1970 p. 9.

³² Liv Haddal, "Da Gud møtte menigheten i Concepcion." *Korsets seier* el 27 de septiembre de 1975 p. 6. En los años 1970, en varios países latinoamericanos, fue típico que los obreros nacionales asumieran cada vez más la responsabilidad de la predicación y, en 1976, el chileno Luís Humberto Marques, de 26 años, se convirtió en evangelista, con apoyo financiero, entre otros, de la iglesia Salen en Halden. "Ny menighetsarbeider i Chile." *Korsets seier* el 31 de enero de 1976 p. 11.

³³ Else Ekornaas, "Mitt møte med vennene i Concepcion." *Korsets seier* el 12 de febrero de 1975 p. 11.

³⁴ Thor Johnny Thoresen, "Barnearbeidet - åpen dør til hjemmene." *Korsets seier* el 13 de agosto de 1975 p. 2.

³⁵ Else Ekornaas, Eldbjørg y Thor Johnny Thoresen, "Første dåpshandling i V. Alemana Chile." *Korsets seier* el 31 de diciembre de 1975 p. 9.

³⁶ "Kommentarer." *Korsets seier* el 3 de mayo de 1978 pp. 7, 15; Andreas Viumdal, "Førstegrøden som ble pastor." *Korsets seier* el 18 de junio de 2004 pp. 16-7. Después de varios años en un instituto bíblico en Chile, Claudio ha ministrado como evangelista, pastor y plantador de iglesias. En varias congregaciones se le considera un apóstol, y Claudio también supervisó estas iglesias mientras vivía en Noruega.

³⁷ "5 minutter med Liv Haddal." *Korsets seier* el 3 de mayo de 1978 p. 11.

³⁸ Mary y Jakob Ekornaas, "Guds verk går fram i Chile." *Korsets seier* el 18 de junio de 1993 p. 12.

estaba casada con el misionero sueco Berndt Hörstrand, que era misionero en Chile, "por lo que ella también consiguió su trabajo en Chile."[39]

---

[39] "Misjonærkontakt med Chile." *Det gode Budskap* el 1 de agosto de 1969 pp. 10-1.

6

BOLIVIA Y PERÚ

En un capítulo anterior hemos descrito partes de la labor misionera de G. Leonard y Ragna Pettersen en Brasil, así como también nos referimos a que ellos, luego de terminar su estadía en Rio de Janeiro, se dirigieron a Bolivia, más precisamente a La Paz. Esto ocurrió en 1953, pero resultó ser solo una breve estadía antes de que, debido a problemas de salud relacionados con el clima en Bolivia, regresaran a Noruega.[1] Antes de esto, pero aún en 1953, Leonard escribió que la congregación a la que servía en Rio de Janeiro, Brasil, estaba a punto de enviar a su primer evangelista a Bolivia.[2] Sin embargo, nada parece haber resultado de esto, y cuando Leonard y Ragna llegaron a La Paz el 13 de febrero de 1953, Bolivia era "un campo misionero completamente nuevo para los pentecostales noruegos."[3]

Aun así, los pentecostales *suecos* habían realizado trabajo misionero "entre tribus indígenas aisladas" durante unos 20 años, pero "con resultados extremadamente magros." Lo mismo ocurrió con los misioneros pentecostales norteamericanos, y Leonard sugirió que el

---

[1] Pettersen, *Pinse over grensene* p. 114; David D. Bundy, "Missões Pentecostais no Brasil. O Caso do norueguês G. Leonard Pettersen." *Reflexões – Uma Perspectiva Pastoral e Ecclesial* 2:2 (Octubre) 2022 p. 72; Kjell Ruud, "30 år i Herrens tjeneste." *Korsets seier* el 1 de septiembre de 1956 p. 533.

[2] G. Leonard Pettersen, "Rio de Janeiro, Brasil." *Korsets seier* el 10 de enero de 1953 p. 28.

[3] G. Leonard Pettersen, "Bolivia." *Korsets seier* el 11 de abril de 1953 p. 234. La familia Pettersen sólo permaneció unos meses en Bolivia y ya en junio de 1953 hizo planes para regresar a Noruega. Gunnerius Tollefsen, "Misjonsnytt." *Korsets seier* el 2 de mayo de 1953 p. 283.

número total de pentecostales en Bolivia apenas superaba las 300 personas.[4]

Cinco años más tarde, se inició una obra misional "en el río Beni en 1958."[5] Allí, al pueblo de Gonzalo Moreno, llegaron Erling y Marita Andreassen a principios del año 1958-59.[6] Erling había tomado "la decisión final de servir a los indígenas de la selva en los ríos de Bolivia" en 1956,[7] después de "terminar sus estudios en la escuela de timonel y patrón" mientras asistía a la escuela misionera en Örebro, Suecia,[8] y al llegar el pequeño barco fluvial Embajador se convirtió en su primera 'casa'. Con el tiempo pudieron construir su propia estación misionera. También se abrieron una escuela y un hospital y, después de ocho años, alrededor de una quinta parte de los habitantes del pueblo se habían convertido al cristianismo.[9] En 1961,

---

[4] G. Leonard Pettersen, "Bolivia." *Korsets seier* el 11 de abril de 1953 pp. 234-5. "A principios del año 1921 llegaron a Bolivia los primeros misioneros pentecostales escandinavos," Gunn Elisabeth Lie escribe en "Misjonærsamling i Cochabamba." *Korsets seier* el 6 de marzo de 1987 p. 16. En el libro de Jan-Åke Alvarsson, *La historia de la misión sueca libre en Bolivia. Una iniciativa nórdica pentecostal para evangelizar a los pueblos de Bolivia* (Uppsala: Uppsala Universitet, 2021), pp. 48 ff se pueden encontrar descripciones detalladas del inicio de la obra misionera pentecostal sueca en el país cuando Gustaf Flood junto con Ruth y Kristian Nielsén cruzaron la frontera de Argentina a Bolivia en mayo de 1921. En 1923, también vino a Bolivia el ministro pentecostal estadounidense Thomas Anderson. Trabajó de forma independiente pero fue nombrado misionero Cuadrangular en 1928. Nathaniel M. Van Cleave, *The Vine and the Branches. A History of the International Church of the Foursquare Gospel* (Los Ángeles, CA: International Church of the Foursquare Gospel, 1992), pp. 100-1.

[5] Erling Andreassen, "Store muligheter og store behov i Bolivia." *Korsets seier* el 22 de abril de 1972 p. 4.

[6] Kari Opsahl, "Jesu befaling er å lære dem." *Korsets seier* el 6 de mayo de 1972 p. 7. "Comenzó en 1957", dice Roger [Samuelsen]. Erling Andreassen había llegado a Bolivia y había comenzado a aprender español en las tierras altas cuando conoció a un misionero Wycliffe. [...] Erling llegó a la base selvática de la misión Wycliffe en el norte de Bolivia. [...] Los misioneros Wycliffe nos dijeron que una pequeña comunidad rural al otro lado del río había sido designada como capital provincial del distrito de Pando. [...] ¿No pueden usted y su esposa instalarse allí? preguntaron los misioneros Wycliffe." Andres Küng, "Norsk pinsemisjon i Bolivia." *Korsets seier* el 16 de marzo de 1977 pp. 6-7.

[7] Erling Andreassen, "Flodmisjonen i Bolivia får støtte fra Hvaler." *Korsets seier* el 30 de junio de 1971 p. 5.

[8] Ivar Trannum, "Ung styrmann fra Hvaler med sin svenskfødte hustru pionermisjonær i Bolivia." *Korsets seier* el 27 de mayo de 1961 pp. 336-7.

[9] "Da floden var misjonsstasjon." *Korsets seier* el 28 de agosto de 1971 p. 7. Además de su examen de timonel y patrón, Erling había completado sus estudios en la escuela de misiones en Örebro, Suecia. "Til Sør-Amerika." *Korsets seier* el 10 de noviembre de 1956 pp. 697-8.

Ada Bjørstad anunció *su* llamado a la misión en Bolivia. En el otoño de 1959, asistió al instituto bíblico en Filadelfia, Oslo y luego continuó con su formación lingüística.[10] Llegó a Bolivia en 1961, casi al mismo tiempo que Ella Ritse cambió los campos misioneros de Argentina a Bolivia.[11] En 1963, Bjørstad escribió con entusiasmo que habían podido comprar el terreno vecino y así también podrían ofrecer un internado a los niños que vivían "río arriba y también en lo profundo de la selva."[12] En 1963 había 56 niños escolarizados de primero a quinto grado, y 24 de ellos estaban en el internado.[13] Mientras Ada estaba de gira misionera en Noruega, se casó con Jan Olsen de Ski y viajaron juntos a Bolivia en 1965.[14]

En 1963, Liv e Ivar Aas anunciaron *su* llamado a la misión en Bolivia. Ivar había trabajado como maestro de escuela durante varios años en el norte de Noruega, y fueron enviados desde la congregación en Gjøvik, de donde era Liv, aunque ahora pertenecía a Salem, Oslo, mientras que Ivar era miembro de Filadelfia, Oslo.[15] Al año siguiente, Asta Hadland, que pertenecía a la iglesia pentecostal de Egersund, también anunció su llamado misional después de haber

---

[10] "Ny misjonær." *Korsets seier* el 25 de febrero de 1961 pp. 110-1.

[11] Ada Bjørstad, "Hilsen fra Bolivia." *Korsets seier* el 11 de noviembre de 1961 pp. 715-6. Debido a una enfermedad, sin embargo, Ritse regresó a Noruega en 1962. Ada Bjørstad, "Jungelnytt fra Brasil." *Korsets seier* el 11 de mayo de 1963 p. 296.

[12] Ada Bjørstad, "Jungelnytt fra Bolivia." *Korsets seier* el 11 de mayo de 1963 p. 296.

[13] "La escuela empezó [en 1962] con 27 alumnos, el segundo año 56, el tercero 101 y este año escolar tenemos 140 alumnos." Erling Andreassen, "Det bygges skole i Bolivia, men…" *Korsets seier* el 21 de agosto de 1965 p. 13. "Un misionero de 22 años se sienta un día y le enseña a una mujer boliviana el arte de la lectura. En medio del hechizo, la mujer de repente se levanta y comienza a llorar y orar a Dios. Luego exclama: '¿No podrías empezar la escuela para mis hijos, hermana Ada? Van a la pequeña escuela del estado, pero el maestro los ha castigado muy cruelmente desde que me convertí en evangélico. Ya no reciben educación.'" Solveig Samuelsen, "'Pinsevennenes evangeliske grunnskole' i Gonzalo Moreno, Bolivia fyller 15 år." *Korsets seier* el 13 de abril de 1977 p. 11.

[14] Morgan Kornmo, "Til Bolivia." *Korsets seier* el 20 de marzo de 1965 p. 6. Él y Ada más tarde tomarían el apellido Bjørfjell.

[15] "Til Bolivia." *Korsets seier* el 7 de septiembre de 1963 pp. 567-8; Norvald Sundal, "Nye misjonærer til Bolivia." *Korsets seier* el 6 de mayo de 1964 pp. 201-2. El matrimonio Aas permaneció dos años en Gonzalo Moreno y luego se trasladó, debido al "efecto corrosivo del clima selvático sobre la salud" a Cochabamba, donde "además de su labor evangélica [podrían] ser de gran ayuda para los misioneros noruegos en los condados de Pando y Beni." Helge Stø, "Avskjed og velkomst i Gonzalo Moreno, Bolivia." *Korsets seier* 11-15 de enero de 1967 p. 7.

trabajado durante muchos años como enfermera y partera.[16] Lo mismo hicieron Helge y Greta Stø, él con una recomendación de su iglesia en Flekkefjord,[17] y ella con una recomendación de su iglesia en Sion, Vikna.[18] Y en 1965 llegó Gerda Aardalen, que había estado trabajando en Brasil desde 1959.[19] Durante el mismo año, Bjørg Tolleshaug anunció que tenía un llamado misional a Bolivia y fue recomendada por su congregación en Alta,[20] mientras Kari Opsahl de Zion, Stavanger y Borgny Mølland de Filadelfia, Kristiansand hicieron lo mismo en 1966.[21]

A veinte kilómetros de Gonzalo Moreno se ubica el pueblo selvático de Riberalta, núcleo neurálgico de esta parte del país y con algo menos de 20.000 habitantes. Ada y Jan Olsen se establecieron allí en 1966, después de que varias personas experimentaran una conversión cristiana durante una campaña allí el año anterior.[22] Cinco años después, la congregación ya contaba con 100 miembros.[23] Unos años más adelante, las congregaciones de Gonzalo Moreno y Riberalta eran "viables, [...] con sus propios pastores, 6 evangelistas trabajando a tiempo completo en ríos y lugares más pequeños."[24] Además, había una "escuela primaria con internado, enfermería, cursos bíblicos y vocacionales y campamentos para jóvenes."[25]

---

[16] "Til Bolivia." *Korsets seier* el 7 de marzo de 1964 pp. 156-7.
[17] "Til Bolivia." *Korsets seier* el 18 de abril de 1964 p. 213.
[18] "Til Bolivia." *Korsets seier* el 26 de septiembre de 1964 p. 627.
[19] Gerda Lillian Aardalen, "Flodmisjonen i Pando, Bolivia." *Korsets seier* el 6 de marzo de 1965 pp. 11-2.
[20] "Til Bolivia." *Korsets seier* el 11 de diciembre de 1965 p. 9.
[21] "Ny misjonær til Bolivia." *Korsets seier* el 23 de marzo de 1966 p. 2; "Ny misjonær til Bolivia." *Korsets seier* el 10 de septiembre de 1966 p. 4.
[22] Marita y Erling Andreassen, "Arbeidet ved Benifloden vokser både i bredde og dybde." *Korsets seier* Pascua 1967 p. 20.
[23] Kari Opsahl, "Jesu befaling er å lære dem." *Korsets seier* el 6 de mayo de 1972 p. 7; Berit y Torstein Tørre, "Misjonsarbeidet i Bolivia: Folkeskolen åpnet vei." *Korsets seier* el 24 de marzo de 1971 p. 3.
[24] Andreassen, "Store muligheter og store behov i Bolivia" p. 4.
[25] Andreassen, "Store muligheter og store behov i Bolivia" p. 4. En 1976, la escuela primaria tenía 140 alumnos, incluidos 30 en el internado. Sin embargo, la clínica de la misión fue cerrada ese mismo año porque no había enfermeras. Solveig Samuelsen, "Feltkonferanse for PYMs misjonærer i Bolivia." *Korsets seier* el 24 de noviembre de 1976 pp. 9, 15. Se planeó que la escuela cerrara gradualmente en 1971 porque no querían competir con la escuela estatal. Sin embargo, esto no era lo que la sociedad en general quería y "a partir de 1972, la misión se hizo cargo de toda la educación primaria desde el 1° al 5° grado, mientras que el Estado asumió la responsabilidad de la educación secundaria superior." Solveig Samuelsen,

Berit y Torstein Tørre fueron enviados por Tabernaklet, Skien en 1968.[26] Tras un tiempo en Gonzalo Moreno, se trasladaron a Riberalta donde sustituyeron a Ada y Jan Olsen.[27] También cabe mencionar a Helge Adolfsen, que llegó en 1968, mientras que Eva Marie Steiner y Berit Stø llegaron al año siguiente. Eva Marie y Helge se casaron en Gonzalo Moreno en 1971. Los misioneros suecos Birgitta y Börje Green, ambos profesores, también trabajaron en Gonzalo Moreno después de que Liv e Ivar Aas viajaron a Noruega y hasta que Solveig y Roger Samuelsen llegaron en 1971. Luego, la familia Green viajó a Villa Montes, el campo misionero sueco en el sur de Bolivia.

Roger Samuelsen tuvo la responsabilidad principal de la escuela primaria de Gonzalo Moreno hasta 1978, interrumpido por un permiso en Noruega entre los dos períodos. Luego la misión se fue retirando paulatinamente de la responsabilidad de la escuela, hasta que fue entregada completamente a las autoridades en 1981. La mayoría de los misioneros noruegos comenzaron su trabajo en Gonzalo Moreno, aunque varios de ellos finalmente continuaron en otros lugares. Esto también se aplica a Gunn Elisabeth Lie e Ingrid y Reidar Vatne, que llegaron en 1974, Finn y Reidun Røine en 1977 y Oddvar y Laila Bauge en 1979.

En 1976 Eva Marie y Helge Adolfsen se trasladaron a Rurrenabaque, un pequeño pueblo de unos 3.000 habitantes situado al final del río Beni. Junto con el pastor Alberto Cartagena, quien también se mudó con su familia desde Gonzalo Moreno, comenzaron un trabajo misionero allí mientras Jaime Sainz se hacía cargo del pastorado en Gonzalo Moreno después de haber ministrado durante varios años como evangelista y líder de la iglesia en varios lugares a lo largo de el río Beni. Las iglesias de Riberalta y Gonzalo Moreno continuaron enviando evangelistas a los pueblos río arriba, mientras que la congregación de Rurrenabaque trabajó en el área inmediata y en los pueblos río abajo.[28]

"'Pinsevennenes evangeliske grunnskole' i Gonzalo Moreno, Bolivia fyller 15 år." *Korsets seier* el 13 de abril de 1977 p. 11.

[26] "Nye misjonærer til Bolivia." *Korsets seier* el 26 de octubre de 1968 p. 7.

[27] Börje Green, "Ung misjonærstab i Bolivia." *Korsets seier* el 7 de octubre de 1970 p. 6.

[28] Eva Marie y Helge Adolfsen, "Høytidsdager i Rurrenabaque." *Korsets seier* el 27 de noviembre de 1976 p. 6. Más tarde, Laila y Oddvar Bauge se unieron a la

En enero de 1977, Cartagena y Adolfsen iniciaron un programa de radio de 30 minutos que se transmitía todas las mañanas, *La luz y la vida*.[29]

Es típico de la década de 1970 en la mayoría de los países latinoamericanos que la obra se consolidara en mayor medida y que los ministros nacionales se involucraran en ella más que en años anteriores. Mientras Berit y Torstein Tørre se preparaban para un nuevo período misionero en Bolivia, declararon "que su tarea en el futuro [sería] estar al lado de los creyentes nacionales como asesores, para que los propios nativos [pudieran] dirigir sus congregaciones."[30] Vemos la misma tendencia en la obra que surgió de Rurrenabaque, donde los evangelistas nacionales ministraban en los pueblos vecinos.[31] Por lo tanto, Helge Adolfsen escribió en 1978, refiriéndose no sólo a Bolivia, sino a América del Sur como tal:

> Yo diría que si hay algo que necesitamos en la América del Sur de hoy, son misioneros llenos del Espíritu que estén profundamente arraigados en la palabra de Dios y que puedan ayudar a enseñar y ayudar a los testigos nacionales. Aquí es donde tenemos nuestra mayor tarea en este momento. Ahora mucha gente puede pensar que estoy en contra del trabajo social, pero no lo estoy. Estoy a favor del trabajo social donde se requiere para alcanzar a la gente con el evangelio. Pero hay que tener claro que la obra misional en la Sudamérica actual es completamente diferente a la que era hace 20 años.[32]

---

congregación, que en 1991 contaba con alrededor de 600 miembros y "una docena de iglesias anexo." La iglesia todavía tenía un pastor principal nacional, ya que Oddvar quería principalmente apoyar y alentar. Nils-Erik Bergman, "Vi trives i jungelen." *Ekko. Korsets seiers utenriks- og misjonsmagasin* febrero de 1991 p. 13.

[29] Helge Adolfsen, "Radiomisjonen når millioner av lyttere i Sør Amerika." *Korsets seier* el 4 de mayo de 1977 pp. 8-9.

[30] O.L., "Berit og Torstein Tørre til ny periode i Bolivia." *Korsets seier* el 30 de julio de 1977 p. 2.

[31] Helge Adolfsen, "Menighetsdannelse og utvidelse av arbeidet fra Rurrenabaque." *Korsets seier* el 14 de septiembre de 1977 p. 7.

[32] Helge Adolfsen, "Våre muligheter for misjon i Sør-Amerika i dag." *Korsets seier* el 22 de julio de 1978 p. 13. En el mismo artículo, Adolfsen escribe: "Cuando se trata de un trabajo innovador, tenemos que estar dispuestos a ir a nuevos lugares, incluso si eso significa que tenemos que abandonar un trabajo bien establecido y empezar de nuevo con los mismos problemas que antes. Cuando una congregación es independiente, los misioneros debemos estar preparados para ir a nuevos lugares. No nos quedemos estancados. No debemos esperar demasiado para traspasar la responsabilidad a los nacionales, sino hacerlo demasiado rápido."

Adolfsen argumentó además que cuando se trabaja en campos nuevos, se deben elegir "lugares ubicados en el centro" y dejar que la congregación recién fundada "evangelice las áreas circundantes." Para tener éxito en la obra misional, el misionero tenía que estar dispuesto a "jugar un papel secundario": si no, uno no tenía "nada que hacer como misionero en la América del Sur de hoy." Esta nueva disposición incluía la capacidad de "reconocer ante nuestros colegas [nacionales] cuando hemos actuado mal y ser lo suficientemente humildes como para pedirles perdón."[33]

Todavía se necesitaba ayuda de extranjeros, sin embargo, y en 1980 leemos que Jan Olsen, que había adoptado el apellido Bjørfjell, después de terminar un curso de producción radiofónica en Londres debía "coordinar el trabajo radiofónico de Assamblea [*sic!*] de Dios en toda Bolivia, siendo al mismo tiempo el contacto de IBRA Radio" en el país. Desde 1966, Bjørfjell se dedicaba a trabajos de radio similares a Helge Adolfsen, pero ahora - junto con un trabajador nacional, ya que el objetivo fue - "como en todo trabajo misionero [era] hacerse redundante", a través de una buena enseñanza bíblica, "[contribuir a] unificar las diversas denominaciones y misiones pentecostales en Bolivia", preferiblemente "participando en la creación de un movimiento pentecostal nacional en Bolivia."[34] Mientras tanto, los misioneros pentecostales noruegos y finlandeses en Bolivia se habían unido a los suecos en su entidad jurídica. Llevaron a cabo un trabajo extenso en varios lugares del país y no menos importante "los misioneros noruegos [reemplazaron] a los suecos y viceversa."[35] En este sentido, escribe el escritor de *Korsets seier*, Helge Adolfsen, como presidente de la misión pentecostal sueco-noruega en 1980, recibió un certificado de honor del Ministro

---

[33] Helge Adolfsen, "Våre muligheter for misjon i Sør-Amerika i dag." *Korsets seier* el 22 de julio de 1978 p. 13.
[34] Jan-Kristian Viumdal, "Hele Bolivia skal dekkes med kristne radioprogram!" *Korsets seier* el 17 de mayo de 1980 p. 6.
[35] Erling Andreassen y Börje Green, "Store behov i Bolivia-arbeidet." *Korsets seier* el 14 de febrero de 1981 p. 13. En 1982 leemos que los finlandeses también fueron incluidos en una conferencia anual conjunta. Solveig Samuelsen, "Årskonferanse for nordiske pinsemisjonærer i Bolivia." *Korsets seier* el 20 de febrero de 1982 p. 9.

de Educación de Bolivia, "como gesto de gratitud" en nombre del gobierno.[36]

En 1979 se decidió a abrir un instituto bíblico de 2 años, Instituto Bíblico Pentecostal, y en febrero del año siguiente se inició el primer curso de 2 meses. Finn Jensen, un ex-misionero argentino, se convirtió en el director de la escuela.[37] Participaron alrededor de 20 estudiantes, y al finalizar el curso todos expresaron su interés en continuar el próximo curso que comenzaría en agosto. El personal docente estaba formado por misioneros pentecostales noruegos y suecos.[38] En 1988, la escuela tenía alrededor de 70 estudiantes además de unos 100 que estudiaban por correspondencia. La mayoría de los aproximadamente 100 estudiantes que habían completado toda su educación tenían tareas pastorales o de liderazgo en congregaciones bolivianas.[39]

En 1978 se inauguró el colegio evangélico Buenas Nuevas en una zona muy pobre de Cochabamba. La escuela fue financiada por *SIDA* (ayuda sueca al desarrollo humanitario) a través de *Pingstmissionens U-landshjälp* (*PMU*) en colaboración con la Misión Pentecostal Nórdica en Bolivia. Ivar Aas fue responsable del diseño de la sección de la escuela primaria y Börje Green fue el director durante la puesta en marcha de la escuela mientras la familia Aas estaba en Noruega. En el primer año escolar había alrededor de 400 estudiantes, al año siguiente alrededor de 1.000. Cuando Ivar Aas regresó, se convirtió en director, pero a partir de 1980 fue sucedido por Roger Samuelsen.

---

[36] Erling Andreassen y Börje Green, "Store behov i Bolivia-arbeidet." *Korsets seier* el 14 de febrero de 1981 p. 13. In 1985, la Misión Nórdica (*Nordisk Misjon*) en Bolivia (que consistía de *Nordisk Pinse Misjon*, la *Norske Misjonsallianse* y la *Norsk Luthersk Misjonssamband*) recibió la distinción más alta de Bolivia, El Cóndor de los Andes. Erling Andreassen, "'El Condor de los Andes' til nordisk misjon i Bolivia." *Det gode Budskap* el 15 de octubre de 1985 p. 10.

[37] Claes Waern, "Bibelskolen i Bolivia har en positiv utvikling." *Korsets seier* el 3 de junio de 1981 p. 12. Posteriormente el instituto bíblico quedó subordinado a la conferencia de pastores bolivianos, y en 1992 el número de estudiantes había aumentado a 200 personas si contamos los institutos bíblicos ambulatorios de otras congregaciones "con el mismo plan de estudio y material didáctico que en Cochabamba." También es interesante observar que el número de pentecostales había aumentado de 5.000 a 50.000 en Bolivia en los doce años transcurridos desde que comenzó el instituto bíblico en Cochabamba en 1980. "Bibelskolene viktige i Bolivia." *Ekko. Bilag til Korsets seier* mayo de 1992 pp. 10-1.

[38] Hanne-Berit y Finn Jensen, "Bibelskolen i Cochabamba, Bolivia." *Korsets seier* el 25 de junio de 1980 p. 8.

[39] Erling Andreassen, "Innvielse av bibelskolen i Cochabamba, Bolivia." *Korsets seier* el 14 de octubre de 1988 p. 28.

En ese momento, la escuela tenía alrededor de 1.200 estudiantes desde preescolar hasta el noveno grado inclusive, y se planeó una expansión gradual hasta el 12° grado inclusive. La escuela seguía el plan de estudios de Bolivia, pero además había lecciones bíblicas, devocionales, campamentos, etc. No todos los profesores eran cristianos, pero todos debían apoyar los valores de la escuela. La mayor parte del personal era pagado por el Estado boliviano, pero la Misión pagaba los salarios de los profesores de enseñanzas de la Biblia y del personal administrativo. Una familia misionera brasileña fundó una iglesia local en la zona y al mismo tiempo eran responsables de una gran escuela dominical con varios cientos de participantes en el aula de la escuela Buenas Nuevas. Solveig y Roger Samuelsen también se involucraron en esta iglesia, y gran parte del crecimiento de la membresía en la congregación provino de la clase de Buenas Nuevas. A pesar del perfil evangélico del colegio, fueron las autoridades bolivianas quienes pagaron los salarios a los profesores y a la administración.[40]

Junto con profesionales bolivianos, Roger Samuelsen fue responsable de desarrollar planes de estudio completamente nuevos en colaboración con el Ministerio de Educación. En Bolivia era completamente nuevo que se pudiera obtener una formación profesional práctica al mismo tiempo que se completaba la escuela secundaria. También era una idea nueva que todos los programas deberían estar abiertos tanto a varones como a mujeres. Cuando comenzó el año escolar en 1983, había en total alrededor de 1.600 estudiantes. Roger Samuelsen tuvo la responsabilidad principal de la escuela hasta 1987, excepto un año en el que la familia estuvo de gira misionera por Noruega. También fue director de proyecto de una gran escuela que se construyó en una zona pobre de Santa Cruz, siguiendo el mismo concepto de Buenas Nuevas en Cochabamba. Cuando en 1987 se completó la sección de escuela primaria, una pareja sueca asumió la responsabilidad de la gestión y el desarrollo posterior de la escuela.

En 1978-79, se pidió a la Misión Extranjera de *Pinsebevegelsen* en Noruega (*PYM*) que "hiciera algo por los muchos huérfanos y niños

---

[40] Claes Waern y Solveig Samuelsen, "SIDA satser 5 millioner på skole-prosjekt i Bolivia." *Korsets seier* el 11 de julio de 1981 p. 8; Jan-Aage Torp, "'Gode nyheter' i fattigkvarteret." *Korsets seier* el 26 de enero de 1983 p. 12; Solveig Samuelsen, comentarios y correcciones a una versión anterior del manuscrito de este libro.

abandonados en Cochabamba", y en relación con la campaña televisiva *Aksjon Håp* (Acción Esperanza) en 1982 se destinó dinero a una aldea infantil situada cerca del centro de la ciudad.[41]

De 1971 a 1981 Erling y Marita Andreassen trabajaron en Noruega, pero a partir de 1981 estuvieron en Cochabamba donde en 1986 se inauguró la Villa Infantil Nueva Esperanza.[42] Se construyó siguiendo el mismo principio que las Aldeas Infantiles SOS con unidades familiares que podían tener hasta 12 niños en cada casa. En la aldea de Nueva Esperanza, Erling y Marita se convirtieron en los directores de la Villa Infantil, además de que Erling se convirtió en cónsul de Noruega en Bolivia.[43] Cuando Marion y Frank Stensland fueron enviados a Bolivia, sin embargo, rápidamente descubrieron que algo andaba mal. Se descubrió abuso sexual y en 2001 Marion y Frank se convirtieron en los nuevos directores durante un período de transición. La aldea infantil sigue funcionando con la ayuda financiera de patrocinadores e iglesias locales. Betania, Tønsberg tiene la responsabilidad principal y un grupo de personas entusiastas apoya a la junta directiva nacional y al personal.[44]

A pesar de que los trabajadores nacionales fueron cada vez más valorados en igualdad de condiciones con los misioneros noruegos, algunos de los noruegos continuaron como pastores principales. Eva y Helge Adolfsen se mudaron a La Paz en 1993, donde formaron una congregación grande, Vida Nueva. Allí Helge fue el pastor principal

---

[41] "Pinsevennenes Ytre Misjons prosjekter ved Aksjon Håp." *Korsets seier* el 25 de junio de 1980 p. 8.

[42] "Fueron las autoridades bolivianas quienes aconsejaron a los pentecostales suecos y noruegos que trabajaran para los numerosos niños abandonados o huérfanos. Una encuesta de 1979 mostró que muchos niños pasaban la noche en la calle, en parques, estaciones de tren o cementerios. Muchas revoluciones y muchos disturbios políticos provocaron varios retrasos, pero con el apoyo de *NORAD* y la campaña televisiva *Aksjon Håp*, la aldea infantil se convirtió en una realidad." Geir Magnus Nyborg, "Tragedier møtes med kjærlighet." *Ekko. Korsets seiers utenriks- og misjonsmagasin* febrero de 1988 p. 12. En este sentido, es más que irónico que las autoridades bolivianas luego introdujeran una nueva ley con una pena de prisión de cinco a 12 años para la evangelización abierta. "Evangelisering forbudt i Bolivia." *Korsets seier* el 26 de enero de 2018 p. 35.

[43] Kjell Hagen, *Marit og Erling Andreassen: På spesialoppdrag i jungelen* (Oslo: Filadelfiaforlaget 1994), pp. 159-60.

[44] Anne Gustavsen, "De uskyldige ofrene er vår største smerte." *Korsets seier* el 30 de noviembre de 2001 pp. 10-1; Solveig Samuelsen, comentarios y correcciones a una versión anterior del manuscrito de este libro.

durante muchos años.[45] Varias iglesias locales, centros de día y escuelas surgieron de la congregación Vida Nueva y de la fundación Doxa. También funcionó durante algunos años una universidad evangélica, la UNIDOXA.[46]

Después de unos 10 años en Noruega, Roger y Solveig Samuelsen recibieron una solicitud de Filadelfia, Estocolmo y *PMU* para ayudar durante un año en Buenas Nuevas en Santa Cruz, en el período 1997-98. La escuela tenía ahora alrededor de 2.000 estudiantes, además de una guardería con 75 niños. Suecia proporcionó los fondos para los Samuelsen, pero todo se canalizó a través de su congregación enviadora, Salen en Halden, Noruega. Su tarea principal era ayudar en el proceso de nacionalización. Se formó una junta nacional para la escuela con representantes de varias congregaciones de la zona. Uno de los representantes era un pastor que también enseñaba en la universidad evangélica de la ciudad. ¡Resultó que este hombre había sido estudiante en el pequeño internado de Gonzalo Moreno! Aunque la estación misionera allí cerró hace mucho tiempo, todavía se pueden ver los frutos del trabajo. En toda Bolivia se pueden encontrar personas que han experimentado una conversión cristiana a través del trabajo de la misión y que ahora están llevando a cabo el trabajo ellos mismos.[47]

La organización Fundación para Educación y Servicio o FES fue fundada en 2003 para hacerse cargo de muchas de las funciones de *Nordisk Pinsemisjon* cuando se decidió discontinuarla. Después de algunas adaptaciones en los primeros años, FES hoy funciona como

---

[45] En tan sólo cinco meses, casi 70 personas habían sido bautizadas. Solveig Samuelsen, "Levende menighet i vekst i La Paz." *Korsets seier* el 30 de septiembre de 1994 p. 12.

[46] Eva y Helge Adolfsen vieron pronto la necesidad de reforzar el nivel de enseñanza además de priorizar el trabajo social, y pusieron en marcha la fundación Doxa, que en 2012 contaba con "diez centros de día para niños de un año en adelante, y diez escuelas de primer grado hasta secundaria superior." Kjell Hagen, "Startet nytt universitet i Bolivia." *Korsets seier* el 13 de enero de 2012 p. 22. Y después de tres años de espera, el Ministerio de Educación de Bolivia también aprobó la universidad UNIDOXA. Como lo expresaron Eva y Helge Adolfsen: "Nuestra visión es brindar a los niños bolivianos una educación durante toda su crianza, incluida la educación superior; la universidad es un desarrollo adicional de esta." Hagen, "Startet nytt universitet i Bolivia" p. 22.

[47] Solveig y Roger Samuelsen, "Tilbake til Bolivia igjen." *Korsets seier* el 9 de enero de 1998 p. 11. Por error, en este número de *Korsets seier* pone 1997. Solveig Samuelsen, comentarios y correcciones a una versión anterior del manuscrito de este libro.

una organización coordinadora de cuatro entidades legales: (1) Asamblea de Dios Boliviana. Iglesias pentecostales iniciadas por misioneros brasileños en Bolivia. Hay más de 1.200 congregaciones con más de 20.000 miembros; (2) Iglesia Evangélica Nacional – Asamblea de Dios. Congregaciones pentecostales que son fruto del trabajo misionero iniciado por noruegos a lo largo del río Beni desde Riberalta hasta Rurrenabaque. En total, hay varios miles de miembros; (3) La Iglesia Evangélica Pentecostal es fruto del trabajo iniciado por suecos desde Quillacollo. Actualmente trabaja en cuatro regiones de Bolivia, cuenta con 80 congregaciones y más de 5.000 miembros; (4) Universidad Evangélica Boliviana, la Universidad Evangélica que fue fundada por un misionero estadounidense en Santa Cruz en 1980. Ahora cuenta con más de 3.000 estudiantes.

FES organiza cada año una conferencia pastoral en Cochabamba. Más de 200 pastores y líderes se reúnen aquí para seminarios y edificación. Esto ayuda a crear unidad entre las congregaciones y organizaciones que forman parte de FES. Además, hay varias congregaciones y comunidades con raíces en la Misión Pentecostal Nórdica que han elegido permanecer fuera de FES.[48]

Perú

El movimiento pentecostal en el Perú parece haber tenido su inicio en 1911 a través de los misioneros Howard W. y Clara Cragin,

---

[48] Solveig Samuelsen, comentarios y correcciones a una versión anterior del manuscrito de este libro. A menudo será difícil ponerse de acuerdo consigo mismo sobre lo que se debe incluir y lo que se debe omitir en un libro introductorio tan breve como éste. Un estudio en profundidad de la obra misionera de pentecostales noruegos necesitaría prestar atención detallada a la participación de Ingrid Vatne en el proyecto escolar de *PYM* en Bolivia. Lo mismo se aplica al trabajo de la familia Tørre en Oruro y al orfanato de Cochabamba. Un estudio de este tipo también debería proporcionar información sobre el servicio misionero de los pilotos Finn Røine y Jan Smidsrød (ambos estacionados en Riberalta), así como de Vegard Tørre (estacionado en Cochabamba). Solveig Samuelsen también ha llamado, con razón, la atención a todos estos asuntos en sus aportes y correcciones a una versión anterior del manuscrito de este libro. Y aun así, hay que admitir que ni *Korsets seier* ni *Det gode Budskap* ofrecen una perspectiva completa o equilibrada de la obra misionera de pentecostales noruegos en otros países, y que lo que se ha incluido en estas dos publicaciones parece un poco aleatorio. No todos los misioneros se han preocupado igualmente por documentar sus propias actividades misioneras. Por lo tanto, las entrevistas personales son necesarias como fuentes complementarias, además de investigar si se puede localizar correspondencia relevante o entradas del diario.

quienes intentaron establecer una obra ministerial en el Callao. En 1922 llegaron dos matrimonios de misioneros representantes de las Asambleas de Dios; es decir, J.R. Hurlburt y su esposa cuyo nombre se desconoce, así como Forrest y Ethel Barker. Los Hurlburt fundaron una congregación en Callao ese mismo año. También se fundaron iglesias en Huancayo, Callejón y Carás. En 1925 se recibieron refuerzos a través del matrimonio de misioneros estadounidenses Leif y Florence Erickson. Tres años después, también llegaron Ruth Couchman y Olga Pritt, quienes representaban a las Asambleas de Dios.

Las décadas de 1940 y 1950 se caracterizaron por un crecimiento numérico pero también por divisiones a medida que se establecían varias denominaciones pentecostales.[49] Además de una afluencia relativamente constante de misioneros pentecostales estadounidenses, también hubo emisarios de Chile. El misionero pentecostal sueco Per Anderås *también* llegó a Perú vía Chile en 1955. Al año siguiente, él y su esposa Britta fundaron la asamblea Casa de Oración en Tarma, a unos 240 kilómetros al este de Lima. Se dice que en 1962 llegaron a Tarma otros misioneros pentecostales suecos, a saber, Ingeborg 'Bojan' y Lennart Lindgren, y la obra se amplió.[50]

Gro y John Agersten de Salem, Oslo, anunciaron un llamado a la misión, preferiblemente a Perú, aunque "[lo vieron] práctico y según la guía de Dios comenzar en Argentina, con su punto de partida en la misión de *Pinsebevegelsen* en Noruega."[51] Ya en noviembre resultó que, después de todo, irían a Perú, un país que en aquel momento era un "campo misionero desconocido para los pentecostales noruegos."[52] Mientras aún vivían en Noruega, habían mantenido correspondencia con Lennart Lindgren, y era natural comenzar su

---

[49] David D. Bundy, "Peru" en Burgess and van der Maas, eds., *New International Dictionary of Pentecostal Charismatic Movements* pp. 198-200.

[50] John Agersten , "Peru – inkaindianernes land." *Korsets seier* el 21 de diciembre de 1966 p. 7; Lennart Lindgren, "En missionärsson berättar om sin kallelse." *Evangelii Härold* el 27 de julio de 1961 pp. 6-7; Evy Norrmann, entrevista con misionero Lennart Lindgren, el 30 de octubre de 1996. Accedido como pdf del *Institutet för Pentekostala Studier* en Suecia. Cf. también John Agersten, "Blant indianere og mestizer i Peru's jungel." *https://peru.agersten.com/category/category8/* [Accesado el 25 de octubre de 2024].

[51] "Nye misjonærer." *Korsets seier* el 26 de junio de 1965 p. 11.

[52] Gro y John Agersten, "Peru venter." *Korsets seier* el 20 de noviembre de 1965 p. 19.

obra misional junto a ellos en la ciudad de Tarma, mientras Brita y Per Anderås se habían mudado a la capital provincial, Huancayo.[53]

Incluso antes de dejar Noruega, Agersten había sentido el llamado a trabajar entre los pueblos indígenas de zonas no alcanzadas. Después de dos años en Tarma, se trasladaron al norte, a Bagua, y de allí, más al este, a las zonas selváticas a lo largo del río Marañón en la provincia de Alto Amazonas, donde el evangelio no se había predicado anteriormente. *Wycliffe Bible Translators* tenía misioneros en dos pueblos de esta zona, donde también había varias tribus indígenas.

En Yurimaguas, Agersten construyó el barco *El Sembrador* con muebles que permitieron a toda una familia vivir en el barco durante bastante tiempo. En octubre de 1969 iniciaron un viaje de varios meses a lo largo del Marañón distribuyendo folletos, ayudando a los enfermos y predicando el evangelio mientras simultáneamente oraban por la sabiduría de Dios sobre dónde establecerse y emprender trabajo misionero permanente. Sintieron la guía de Dios para establecerse en un pueblo llamado Tigre Playa, donde en poco tiempo se produjeron varias conversiones y se inició una escuela dominical a la que asistieron más de 60 niños y jóvenes.[54]

En 1972 llegaron Alice y Rudolf Wilhelm, quienes después de haber completado su trabajo misionero en Honduras habían pasado dos años en Noruega.[55] En el verano de 1971, Liv Haug llegó a Tigre Playa, donde Edith Aateigen ya había llegado a finales de 1970. Después de que los Agersten se fueron a Noruega con licencia durante la primavera de 1971, Aateigen continuó el trabajo en Tigre Playa con la ayuda de Christina Pålsson de Suecia, hasta que llegó Liv Haug. En 1972, los Agersten regresaron a Tigre Playa, mientras que Aateigen y Haug emprendieron la obra misional en Pampa Silva/Puerto Libre en el Valle de Perené, donde en 1973 había una pequeña congregación con poco menos de 30 miembros.[56] Se

---

[53] Gro y John Agersten, "På høyfjell og i jungelen forkynnes evangeliet." *Korsets seier* el 8 de julio de 1967 p. 16.

[54] Gro y John Agersten, "På høyfjell og i jungelen forkynnes evangeliet." *Korsets seier* el 23 de mayo de 1970 p. 7.

[55] John Agersten, "En nyfrelst vitnet – og landsbyen bad om besøk av misjonærene." *Korsets seier* Pascua 1973 p. 2.

[56] Edith Aateigen y Liv Haug, "Glimt fra Peru, kontrastenes land." *Korsets seier* el 29 de mayo de 1974 p. 5. El pueblo de Puerto Libre había sido fundado en 1961

construyó una estación misionera con la ayuda del padre de Liv, Håkon Haug.[57] Håkon había sido pastor principal en Filadelfia, Kristiansand desde 1966 y había pasado un par de meses en Perú desde julio de 1975 hasta que se completó el edificio de la misión de tres pisos en Puerto Libre en Pampa Silva en el valle de Perené.

En octubre del mismo año, regresó nuevamente, esta vez con el apoyo de *NORAD* para construir una fábrica para la producción de jugo, de modo que los indígenas pobres no tuvieran que transportar su fruta a Lima para venderla allí - y probablemente a un precio más bajo que el que les costaría el propio transporte. Esta vez Håkon permaneció hasta abril de 1976.[58]

En mayo de 1981, él y su esposa Ruth realizaban su tercera visita al Perú, esta vez hasta enero de 1982. Con el apoyo de *NORAD*, se iniciaron las obras de construcción de un puente sobre el río Perené en sustitución del antiguo teleférico "con una góndola de tablas oscuras" que los niños tenían que cruzar para llegar a la escuela: "Sin embargo, se produjeron accidentes, la góndola pudo caerse y varios niños se habían ahogado en las aguas turbulentas del río."[59] El proyecto se completó, en gran parte con la ayuda de esfuerzos voluntarios de Håkon y Liv, así como de la población local, durante una de las muchas visitas de Håkon a Perú.

Liv había sido elegida alcaldesa en 1981 cuando los tres distritos de Puerto Libre, Pampa Silva y Santa Ana optaron por fusionarse en

---

como el primer asentamiento en el valle del Perené de pueblos indígenas de la sierra. Durante una reforma agraria en 1969, la tierra en el valle del Perené fue distribuida entre pueblos indígenas de la selva y de la montaña respectivamente, y con la llegada de Liv Haug en 1988, debido a los pueblos indígenas que se habían mudado de la montaña, había 88 aldeas en el valle del Perené. Harald Mydland, ed., *Liv Margrethe Haug - misjonær og samfunnsbygger blant urbefolkningen i Peru* (Kjeller: Hermon forlag, 2021), pp. 50-1.

[57] M.S., "Hjem fra Peru." *Korsets seier* el 12 de noviembre de 1975 p. 11. Mientras que Håkon Haug era pastor pentecostal en Filadelfia, Kristiansand, es decir, la congregación que había enviado a Edith Aateigen y Liv Haug al Perú, fue a través de Olav Strømme (sacerdote en la Iglesia de Noruega y quien después de su muerte en 1976 La Fundación Strømme llevaba su nombre) que se concedió dinero para un edificio misional para Aateigen y Liv Haug. Liv y Håkon salieron de Noruega en julio de 1975 y Håkon construyó una estación misionera completa con un edificio de varias plantas con una superficie de unos 150 metros cuadrados.

[58] Fredrik Schjander, *I samtale med Håkon Haug: Mitt liv i tjeneste* (Oslo: Filadelfiaforlaget, 1988), pp. 57-92.

[59] Schjander, *I samtale med Håkon Haug* p. 82.

una sola ciudad bajo el nombre de Villa Perené en 1977.[60] Durante el mandato de alcaldesa, Liv inició planes para que cada una de las aldeas tuvieran su propia escuela, y tres años después se construyeron 17 escuelas y las autoridades proporcionaron los maestros.[61] En 1986, Liv también recibió "el premio más alto del Perú: la Orden del Sol con el rango de comandante."[62] Durante estos años, varios cientos de personas llegaron a la fe y fueron bautizadas.[63]

Liv también logró construir una biblioteca escolar/un centro de literatura más grande, así como un canal de radio, Radio Filadelfia, que permitió la producción de programas de radio que se escucharon en más de 40 pueblos alrededor de Villa Perené.[64] Y eso no fue todo: en 1991 se inauguró una escuela técnica profesional para jóvenes que habían terminado la escuela secundaria superior y no podían permitirse el lujo de trasladarse a la capital para continuar su educación: "la escuela técnica de tres años, IST, comenzó con cursos de mecánica automotriz, secretariado y agricultura, y la escuela vocacional CEO de un año, con un curso de carpintería, cursos de mecánica automotriz, costura y auxiliar de enfermería."[65] Además de esto, Liv inició un curso de formación docente de 5 años.[66] En 1996, Perené también recibió el estatus de distrito propio, con responsabilidad sobre poco menos de 200 aldeas, de las cuales Villa Perené se convirtió en la capital del distrito. Esto significó que el distrito recibió su propio presupuesto del Estado y de esa manera pudo seguir mejorando las condiciones sociales en el valle del Perené. Este fue el mismo año en que Liv fue elegida alcaldesa municipal.[67]

---

[60] Schjander, *I samtale med Håkon Haug* p. 108. El puente tenía "121 metros de largo, 3,60 metros de ancho y una presión de eje permitida de 36 toneladas." Arvid Møller, *Liv Haug. Norsk misjonær, ordfører og anleggsbas i Amazonas-jungelen* (Oslo: J.W. Cappelens Forlag A/S, 1987), p. 57.

[61] Møller, *Liv Haug* p. 67.

[62] Møller, *Liv Haug* p. 187. En Noruega, en 2005, Liv fue nombrada Caballero de Primera Clase por el rey Harald V. Mydland, *Liv Margrethe Haug* p. 154.

[63] Mydland, *Liv Margrethe Haug* p. 79.

[64] Mydland, *Liv Margrethe Haug* pp. 106-7.

[65] Mydland, *Liv Margrethe Haug* p. 124.

[66] Mydland, *Liv Margrethe Haug* p. 132.

[67] Cuando Liv Haug fue elegida alcaldesa del condado del Valle del Perené, PYM protestó porque supuestamente esto contradecía las normas de su misión, "que establecen que un misionero no puede participar en el trabajo político," lo que a su vez significaba que ella "sería despedida como misionera durante el período ella [era] alcaldesa, lo que [significaría] que ella [perdería] el apoyo de

Debido a la reelección en 1999, permaneció como alcaldesa hasta 2002.[68] En el periodo 2007-2010 fue nuevamente elegida alcaldesa, esta vez en la provincia de Chanchamayo.[69]

Cuando Liv llegó al Perú en 1971, estaba registrada en las Iglesias Pentecostales Autónomas del Centro, AIPA, que fue fundada por pentecostales suecos. En 2006, sin embargo, las iglesias de Perené registraron su propia organización religiosa, la Iglesia Evangélica Filadelfia, FILA. Las congregaciones hoy tienen pastores peruanos.[70]

Los esfuerzos pioneros de Liv Haug en Perú están bien documentados a través de libros y cobertura televisiva nacional. Sin embargo, como ya hemos visto, Gro y John Agersten fueron los primeros misioneros pioneros enviados desde Noruega. En 1973 se adquirió el barco fluvial *Alli Shungo* (El buen corazón). Tanto esta embarcación fluvial como una lancha rápida se utilizaron constantemente en los años siguientes para llegar con el evangelio a los pueblos del Marañón y afluentes. Desde el principio se trabajó entre los enfermos, que acudían cada vez en mayor número a los misioneros de Tigre Playa en busca de ayuda. Poco a poco se fueron estableciendo congregaciones y anexos. Se llevaron a cabo semanas bíblicas para líderes y colaboradores dos veces al año en Tigre Playa, combinadas con días bíblicos locales en las aldeas. Eva y Rudolf Wilhelm pronto asumieron la responsabilidad principal de trabajar con los enfermos cuando Gro Agersten, que era profesora de profesión, fundó la escuela noruega que empezó con 2 alumnos en 1972 y aumentó a 5 durante los años 70. En 1974, Vigdis Flatland vino de Rjukan y ayudó en la escuela durante unos dos años.

En otoño de 1978, la familia Wilhelm volvió a trabajar en la selva después de un año de gira por Noruega. Junto a ellos llegó la maestra Martha de Jong de Alta. Los Wilhelm ahora tenían Filadelfia, Alta como su iglesia enviadora, al igual que Martha. Ella y Gro Agersten compartieron el trabajo en la escuela durante los primeros años que estuvo allí. Cuando los Agersten se fueron a Noruega, Martha tuvo

---

NORAD en el mismo período." Además hay que decir que la congregación enviadora, Filadelfia, Kristiansand, "[cuestionó] la interpretación de las normas por parte de *PYM* y [rechazó] la propuesta de despidos." Anne Gustavsen, "Blir ordfører i Perenedalen. Liv Haug permitteres som misjonær." *Korsets seier* el 23 de febrero de 1996 p. 5.

[68] Mydland, *Liv Margrethe Haug* p. 144.
[69] Mydland, *Liv Margrethe Haug* pp. 174-5.
[70] Mydland, *Liv Margrethe Haug* p. 168.

la responsabilidad principal de los 3 alumnos restantes hasta 1982, cuando ella y los Wilhelm viajaron a Noruega.

A principios del año 1974, se estableció una relación formal con *Wycliffe Bible Translators* a través del contacto diario por radio y el almacenamiento de combustible para sus pequeños aviones que también operaban en el área donde trabajaban los misioneros noruegos. Este contacto se convirtió en ayuda mutua y alegría en el trabajo, y duró hasta que *Wycliffe Bible Translators* terminó su trabajo en la selva en 1999. Su centro estaba ubicado en el pueblo de Pucallpa, a 800 kilómetros en línea recta desde Tigre Playa. Ågot Bergli, enviado de la iglesia de Mo i Rana, trabajó durante muchos años como lingüista para *Wycliffe Bible Translators* en Perú a partir de los años 80.

Los misioneros Oddbjørg y Gunnar Vervik visitaron Tigre Playa por primera vez en 1974. Trabajaron en Puerto Libre junto con Liv Haug desde que llegaron al Perú el año anterior y estuvieron allí hasta 1975. En 1977 regresaron al Perú y trabajaron en la misión fluvial de Tigre Playa un año antes de que reemplazaran y luego colaboraran con los misioneros suecos Anita y Göran Olsson en el pueblo de Chulucanas en el condado de Piura en el norte del Perú. En 1981, los Vervik regresaron a Tigre Playa y trabajaron en la zona hasta que, debido a una enfermedad, regresaron a Noruega en 1983. La misionera Øyvor Skjennum visitó Tigre Playa en una semana bíblica en 1979. Trabajó durante un período en Villa Perené junto con Liv Haug.

En agosto de 1983, los Wilhelm regresaron a Tigre Playa junto con la profesora Birgitte Krogtoft de Lofoten, más tarde casada con David Lindgren, hijo de los misioneros suecos Lindgren. Birgitte trabajó muchos años en España después de casarse con David.

En enero de 1984, los Agersten regresaron a la selva después de tres años de gira misionera en Noruega. En mayo del mismo año, la familia Wilhelm se trasladó por el Marañón hasta Industrial/San Lorenzo para reforzar y ampliar los trabajos en la zona este del campo. Birgitte Krogtoft se mudó con ellos y continuó allí la escuela noruega. Estuvo en Perú hasta el verano de 1986. La familia Wilhelm trabajó en Industrial hasta que en 2006 se fueron definitivamente a Noruega. Para entonces, se habían establecido en esa zona varias nuevas congregaciones y anexos, además de los que ya se habían fundado desde Playa Tigre. Los Wilhelm también trabajaron intensamente entre los muchos enfermos y pobres, eventualmente en estrecha colaboración con el centro de salud municipal de San Lorenzo.

Los Agersten se trasladaron al oeste desde Marañón hasta Saramiriza, que se había convertido en una aldea más grande desde que la compañía petrolera peruana estableció un centro allí a finales de los años 1970. El lugar fue uno de los muchos visitados en años anteriores y contaba con un grupo de creyentes. Pronto se estableció la congregación en Saramiriza y, al igual que las iglesias de Tigre Playa, San Lorenzo e Industrial con sus anexos, se registró como parte de la Asociación Iglesias Pentecostales Autónomas (AIPA), fundada por misioneros suecos y noruegos en 1967. El trabajo con la salud se fortaleció en 1986 cuando la enfermera Bodil y su marido Manolo Suárez llegaron a Saramiriza enviados por una congregación pentecostal en Suecia y con el apoyo económico del *Pingstmissionens utvecklingssamarbete* (PMU). Regresaron a Suecia en 1990.

María e Isidro Villavicencio de Lima fueron constituidos como pastores de la iglesia en Saramiriza de 1991 a 1994. Anteriormente habían trabajado en la zona como evangelistas junto con evangelistas locales y líderes de iglesias anexos. Villavicencio fue posteriormente pastor durante algunos años en la congregación que Lindgren fundó en Lima. En los años siguientes, la congregación de Saramiriza tuvo pastores de la obra de los misioneros suecos en el condado de Piura y pastores locales.

En 1990 se finalizó e inauguró el Centro de Salud de Saramiriza. Este fue un proyecto que recibió apoyo de *NORAD* en colaboración con las autoridades sanitarias peruanas para su construcción y operación durante los primeros años. Posteriormente, las autoridades solicitaron una ampliación del centro de salud. Fue concedido, terminado e inaugurado en junio de 1999. Los Agersten fueron directores de proyecto para las partes 1 y 2 del proyecto del Centro de Salud.[71]

Mientras los Agersten estaban en Noruega de gira desde 1992, Morgan y Lourdes Førland trabajaron en Saramiriza, Perú desde el

---

[71] Gro y John Agersten, correo electrónico al autor el 19 de noviembre de 2024 y con información complementaria para el manuscrito inacabado tal como existía entonces.

Año Nuevo de 1993.[72] Los Agersten regresaron al Perú en 1994, aunque, como más del 70% de los latinoamericanos vivían en ciudades, ahora querían alternar entre las ciudades peruanas y, como antes, la selva.[73] Optaron por radicarse en Piura, ciudad del noroeste del país, donde comenzaron con transmisiones radiales evangelísticas en diversas emisoras.[74] Este trabajo se llevó a cabo en colaboración con pastores de la zona donde los misioneros suecos Anita y Göran Olsson habían fundado iglesias como una extensión de la congregación en Chulucanas. En un suburbio llamado Ignacio Merino en Piura, se fundó una iglesia y se compró un edificio para servicios religiosos en 1999. Lourdes y Morgan Førland estuvieron en Ignacio Merino, Piura del 2000 al 2003. El pastor actual en Saramiriza (2024), William Tocto fue durante varios años pastor en Ignacio Merino pero había visitado ocasionalmente la iglesia de Saramiriza y iglesias anexo junto a un grupo de jóvenes.

A pesar del enfoque urbano, las 32 iglesias y anexos alrededor de Saramiriza siguieron creciendo, y sólo en 1996, con más de 100 nuevos creyentes siendo bautizados, las congregaciones contaban para entonces con un total de 880 miembros activos.[75]

No hay estadísticas exactas sobre el número de iglesias, anexos y miembros después de 1996. Durante la década del '90, algunas otras denominaciones y misiones ingresaron al área a través de evangelistas peruanos. Algunas de las congregaciones y anexos tanto en la parte oriental como occidental del área, iniciadas por la misión pentecostal noruega, han pasado a la Asamblea de Dios peruana o a MEPI (Misión Evangélica Pentecostal Internacional). Además, miembros que se mudaron de la selva han iniciado una congregación en la ciudad de Yurimaguas, mientras que otros ministran como evangelistas y pastores en otras denominaciones pentecostales, como en las ciudades de Iquitos y Nauta. Un joven de Tigre Playa incluso es pastor en Belo Horizonte, Brasil.[76]

---

[72] "Peru: Flodevangelisering og bibelmaraton." *Misjonsbilag* p. 10 como suplemento a *Korsets seier* el 14 de mayo de 1993.

[73] "Gro og John Agersten tilbake i Peru." *Korsets seier* el 6 de enero de 1995 p. 18.

[74] Oddvar Johansen, "Evangeliet må videre fra jungelen til storbyen." *Korsets seier* el 2 de febrero de 1996 p. 20.

[75] Gro y John Agersten, "Misjonsrapport fra Peru: Dåpsmøter og nye kirker." *Korsets seier* el 11 de abril de 1997 p. 9.

[76] Gro y John Agersten, correo electrónico al autor el 19 de noviembre de 2024.

Misioneros de Maran Ata

No sólo *Pinsebevegelsen*, sino también *Maran Ata*, otra denominación pentecostal originaria de Noruega, ha tenido una participación misionera en el Perú. La participación de *Maran Ata* se inició a través de Kolbjørn Granseth (n. 1929), quien junto con su familia partió hacia Perú en 1967. Se establecieron en Arequipa y se involucraron en la evangelización por radio además de brindar oportunidades a evangelistas itinerantes.

Por problemas con los permisos de residencia, la familia Granseth tuvo que abandonar temporalmente Perú y trabajó en España, El Salvador y Bolivia. Sin embargo, regresaron al Perú en 1996 donde se radicaron en Nazca mientras que otra pareja noruega, Solfrid y Erling Eriksen, enviada desde Maran Ata, Oslo en 1970, se instaló en Tacna.[77]

---

[77] Ole Bjørn Saltnes, *Som et stormvær. En bok om Maran Ata vekkelsen* (Tofte: Misjon Europa Forlag, 2017), p. 215.

7

MÉXICO, CENTROAMÉRICA Y EL CARIBE

México

El avivamiento entre los pentecostales en la calle Azusa, Los Ángeles, tuvo un rápido impacto entre los latinoamericanos y principalmente entre los mexicanos. De hecho, fue un creyente mexicano quien afirmó específicamente haber tenido un encuentro con el Espíritu de Dios en el local ubicado en 312 Azusa Street después de que los pentecostales consiguieran un contrato de arrendamiento allí. Esto ocurrió un día antes de que los pentecostales celebraran su primer servicio allí en abril de 1906.[1]

Aunque es natural imaginar que varios de los creyentes mexicanos que habían experimentado su Pentecostés personal durante los servicios en la calle Azusa en 1906 regresaron luego a su tierra natal para promover el movimiento, esto hasta ahora no ha sido documentado. En 1914, sin embargo, se fundó una iglesia unicitaria en Villa Aldama en el estado de Chihuahua, México, que a su vez formó el preludio de la denominación unicitaria Iglesia Apostólica.[2]

---

[1] Gastón Espinoza, "The Holy Ghost is here on Earth? The Latino Contributions to the Azusa Street Revival." *Enrichment* Primavera 2006 p. 119. Cf. también Gastón Espinoza, *Latino Pentecostals in America: Faith and Politics in Action* (Cambridge, MA: Harvard University Press, 2014), pp. 35-6.

[2] Philip Wingeler-Rayo, "A Third Phase of Christianity: Reflections on One Hundred Years of Pentecostalism in Mexico" en Vinson Synan, Amos Yong y Miguel Álvarez, eds., *Global Renewal Christianity: Spirit Empowered Movements. Past, Present, and Future*. Vol 2: *Latin America* (Lake Mary, FL: Creation House, 2016), pp. 7-10.

De manera similar, la primera denominación pentecostal trinitaria, la Iglesia de Dios, se formó en México en 1932.³ De hecho, fue un escandinavo, H. A. Johnson, que supuestamente pertenecía al grupo de T. B. Barratt en Oslo, quien se dice que estuvo evangelizando en México ya en 1911 y 1912.⁴ Si esta historia es correcta, aun así no hubiese sido entonces el primero en predicar el mensaje pentecostal en México. El mérito de esto posiblemente debe atribuirse al marido de la ministra de sanidad estadounidense, Carrie Judd Montgomery. Se dice que George Montgomery recibió su Pentecostés personal alrededor de 1908, tal vez incluso un poco antes, y difundió literatura cristiana en la ciudad minera de Nacozari. Un misionero llamado George Thomas también trabajó en Nacozari desde 1911 en adelante.⁵

Pocos misioneros han sido enviados de Noruega a México, y quizás los primeros, posiblemente después de H. A. Johnson, fueron Marika y Kari Ranta, con la congregación Filadelfia en Oslo como su iglesia enviadora en 1997. A pesar de su trasfondo estadounidense, Kari tiene antecedentes finlandeses. La pareja trabajó como misioneros de Wycliffe y tradujo la Biblia a lenguas tribales nativas americanas. Marika había sido enviada anteriormente desde Filadelfia, Oslo como misionera de corto plazo a Perú, y así fue como conoció a *Wycliffe Bible Translators*.⁶

En 2009, Sara y Torbjørn Tande partieron hacia Monterrey, México, para trabajar con huérfanos bajo los auspicios de la organización Back2Back Ministries y Juventud con una Misión. La pareja todavía trabaja allí. Sara Jensen también ha hecho lo mismo. De 2019 a 2024 trabajó en un hogar juvenil, además de ser responsable del cuidado posterior de jóvenes que provenían de hogares de acogida o habían vivido en un hogar juvenil.⁷

---

³ Wingeler-Rayo, "A Third Phase of Christianity" pp. 10-1; Lie, *El pueblo de Dios a través de los siglos* p. 193.

⁴ Allan H. Anderson, "Primeras misiones pentecostales en América Latina." *Hechos: Una Perspectiva Pneumatológica* 4:1 2022 p. 6.

⁵ Luisa Jeter de Walker, *Siembra y cosecha. Las Asambleas de Dios de México y Centroamérica.* Vol. 1 (Deerfield, FL: Editorial Vida, 1990), p. 16.

⁶ Oddvar Johansen, "Lever for å gi stammefolk i Mexico Guds ord." *Korsets seier* el 22 de octubre de 1999 sp. 12.

⁷ Geir Lie, entrevista con Sara Jensen, el 7 de noviembre de 2024. Los Back2Back Ministries comenzaron en 1998 porque querían apoyar el trabajo existente entre los niños y jóvenes necesitados.

Oslo Kristne Senter con sucurcales en México
La iglesia *Oslo Kristne Senter* (OKS) también está representada en México. Todo comenzó con Norunn (noruega) y Miguel Inzunza (mexicano), quienes, después de asistir al instituto bíblico de Oslo Kristne Senter en el período 2005-2006, regresaron a México donde la congregación Centro Cristiano Campiña en la ciudad de Culiacán en 2006 formalmente se hizo parte de la familia *OKS*. En 2016 la iglesia cambió su nombre a OKS Iglesia Campiña. Luego la congregación OKS Iglesia Guadalajara en la ciudad de Guadalajara se estableció en 2023 con Nacho y Paulina Huizar como pastores principales. Previo a esto, en 2021, habían iniciado un grupo de casa en Guadalajara.[8]

Guatemala

Ya en 1908, el pentecostalismo fue introducido en Guatemala a través de Amos y Effie Bradley, misioneros estadounidenses que recibieron su Pentecostés personal en San Jerónimo.[9] En el año 2000, el matrimonio de recién casados Elisabeth y Roberto Sandli, de Noruega, viajaron a Guatemala, país que habían visitado el año anterior en relación con una luna de miel de siete semanas en Nicaragua.

PYM ya estuvo involucrado en Guatemala a través de un proyecto de cinco años relacionado en parte con la construcción de escuelas y en parte con la capacitación en agricultura. Las escuelas debían construirse en colaboración con las congregaciones pentecostales locales, que a su vez serían responsables de su funcionamiento posterior. Elisabeth y Roberto serían asistentes de proyecto y trabajarían junto con Britt y Birger Sandli, quienes lideraron los proyectos.[10]

---

[8] "Mexico." *https://oks.no/mexico/* [Accesado el 24 de octubre de 2024].
[9] Allan H. Anderson, "Primeras misiones pentecostales en América Latina." *Hechos: Una Perspectiva Pneumatológica* 4:1 2022 p. 6.
[10] Elisabeth y Roberto Sandli, "Nye misjonærer til Guatemala." *Korsets seier* el 14 de abril de 2000 p. 28.

Honduras

Mario Eduardo Fumero nació en Cuba de padres españoles y también se lo menciona brevemente en este capítulo durante la reseña sobre Cuba. Cuando Fidel Castro "tomó el poder en 1959, Mario pronto se convirtió en el capitán de grupos juveniles militares en nombre de la revolución, [pero] finalmente se distanció del giro hacia el marxismo-leninismo."[11] Huyó a los Estados Unidos en 1960, donde al año siguiente experimentó una conversión cristiana mientras asistía a una campaña de avivamiento con Billy Graham. En 1964, Mario fue a Honduras, donde durante varios meses cada año estuvo involucrado en la evangelización, sobre todo a través de misiones radiales. Durante una visita a Chile en 1970, conoció a Lisbeth Jensen, quien había trabajado como misionera allí desde 1966 (aparte de un año y medio en Paraguay). Se casaron en Noruega en 1971 y se establecieron en Tegucigalpa, la capital de Honduras.[12]

Antes del matrimonio entre Lisbeth y Mario, en 1966, Eva y Rudolf Wilhelm anunciaron su llamado a Honduras. Rudolf era suizo, pero había trabajado como evangelista en Noruega durante unos cinco años y antes también había vivido algunos años en Suecia. Fue a través de amigos suecos que el llamado a Honduras se hizo realidad. La pareja recibió una recomendación de su iglesia local en Balsfjord, Noruega.[13] Viajaron a Honduras en 1966 para trabajar junto con los misioneros suecos Stina y Hans Alsbo quienes habían llegado en 1964. Con el tiempo también vinieron otros misioneros suecos a trabajar en San Pedro y La Lima.[14] En 1969 leemos que habían fundado una iglesia en San Pedro Sula y también se dedicaban al trabajo de radio, además tenían planes tanto para un orfanato como

---

[11] Solveig Samuelsen, "Lisbeth og Mario Fumero." Manuscrito no publicado, septiembre de 2024.

[12] Trygve Lie, "Cubaneren Mario Fumero til Norge." *Korsets seier* el 26 de junio de 1971 p. 12; Lisbeth y Mario Fumero, "Også Honduras-misjonærer satser på radiomisjon." *Korsets seier* el 14 de junio de 1972 p. 4; Solveig Samuelsen, "Internasjonal familie fra Halden til Honduras." *Korsets seier* el 12 de noviembre de 1975 p. 11. La primera presencia pentecostal en Honduras de la que tengo conocimiento fue la del evangelista Adam Brandt en 1918. Walker, *Siembra y cosecha* p. 150.

[13] "Misjonærer til Honduras." *Korsets seier* el 2 de febrero de 1966 p. 4.

[14] Gro y John Agersten, correo electrónico al autor el 19 de noviembre de 2024.

para capacitación en lectura.[15] El orfanato ya era una realidad al menos en 1970, y cerca de 400 personas estuvieron presentes cuando se inauguraron formalmente el edificio de la iglesia en San Pedro y el orfanato en La Lima.[16] Sin embargo, la estancia en Honduras duró relativamente poco, ya que a finales de 1970 regresaron a Noruega, donde Rudolf se convirtió en pastor en Smyrna, Kirkenes, hasta que partieron hacia Perú en el otoño de 1972.[17]

Lisbeth y Mario, sin embargo, continuaron en Honduras, y en 1978 leemos que la congregación contaba con alrededor de 200 miembros, la mayoría de los cuales eran jóvenes estudiantes.[18] Tres años después, trabajaron en nueve congregaciones diferentes dentro de Honduras.[19] Solveig Samuelsen escribe:

> Además del trabajo congregacional, se dedicaron a diversos tipos de ayuda humanitaria. Había orfanatos, guarderías, alfabetización, escuelas, ayuda para familias desfavorecidas y madres solteras, así como un centro de rehabilitación para alcohólicos y drogadictos. También se utilizó la radio y la televisión para enseñar y animar a la gente a mejorar su propia situación de vida. Trabajaban según el principio de ayudar a alguien a aprender a ayudarse a sí mismo y eran buenos para lograr que otros se unieran y entrenarlos para asumir responsabilidades. Finalmente, más de 100 jóvenes nacionales se organizaron en la 'Brigada del Amor Cristiano'. Los equipos de la Brigada todavía viajan a muchas ciudades y pueblos para ayudar donde sea necesario.[20]

Gran parte de este trabajo continuó cuando la familia dejó el país en 1982 para trabajar como misioneros en España.[21] Regresaron

---

[15] Eva y Rudolf Wilhelm, "Det bygges i Honduras." *Korsets seier* el 16 de agosto de 1969 p. 6. En retrospectiva, Helge Adolfsen afirmó que "el 60-70 porciento de nuestras congregaciones [en Bolivia] son un resultado indirecto del trabajo radial." Oddvar Johansen, "Helge Adolfsen på IBRA-seminar." *Korsets seier* el 4 de octubre de 1985 p. 19.

[16] Eva y Rudolf Wilhelm, "Høytidsdager i Honduras." *Korsets seier* el 28 de enero de 1970 p. 5.

[17] Gro y John Agersten, correo electrónico al autor el 19 de noviembre de 2024.

[18] Peder Westgård, "Effektivt radioarbeid i Honduras." *Korsets seier* el 7 de enero de 1978 p. 1.

[19] "Misjonærer hilser." *Korsets seier* el 10 de enero de 1981 p. 14.

[20] Solveig Samuelsen, "Lisbeth og Mario Fumero." Manuscrito no publicado, septiembre de 2024.

[21] Lisbeth y Mario Fumero, "Avskjed med Honduras etter 11 rike år." *Korsets seier* el 8 de diciembre de 1982 pp. 12, 15.

nuevamente a Honduras en el período 1994-98, sin embargo, hasta que Lisbeth se mudó nuevamente a España, mientras que Mario continuó viviendo en Honduras.[22] Se convirtió en uno de los varios coordinadores del trabajo de socorro en relación con la catastrófica destrucción causada por el huracán *Mitch* en octubre de 1998. Tanto *PYM* como *Korsets seier* participaron activamente en la recolección de "alimentos, medicinas, ropa y equipo" tanto para Honduras como para Nicaragua.[23] Mario sigue viviendo y trabajando en Honduras.

Nicaragua

La inversión de *PYM* en Nicaragua tuvo su antecedente inmediato en una consulta de las Asambleas de Dios del país en 1989 con una solicitud de asistencia financiera en relación con un poderoso huracán que había causado gran destrucción el año anterior. También se había expresado el deseo de recibir misioneros extranjeros, en particular con miras a obtener ayuda para la formación de personas que trabajasen en los ministerios infantiles, además de contribuir como instructores de institutos bíblicos y plantadores de iglesias. Tanto Miriam como Tor Inge Andersen, quienes habían trabajado como misioneros en el Valle de Perené en Perú desde 1985, se interesaron en este nuevo campo misionero.[24] Además, el país ya contaba con más de 400 congregaciones de las Asambleas de Dios y una membresía total de 60.000 personas, y había experimentado un aumento del 40 porciento en las congregaciones desde 1979. Los primeros misioneros estadounidenses, escribió Andersen, habían llegado al país ya en 1912, pero debido a la tensa situación política debido a la oposición de los grupos contrarrevolucionarios al

---

[22] Después de servir 40 años como misionera, Lisbeth recibió la Medalla de plata al Mérito del Rey en 2006. Solveig Samuelsen, "Med misjon som livsstil." *Korsets seier* el 22 de septiembre de 2006 p. 30.

[23] Oddvar Johansen, "Herre! Forbarm deg over vårt lidende folk." *Korsets seier* Navidad 1998 pp. 20-1.

[24] Anne Gustavsen, "Nicaragua – PYMs nye misjonsfelt." *Korsets seier* el 27 de octubre de 1989 p. 5. Tor Inge también había pasado seis meses en Perú en 1984. "Hanne Miriam og Tor Inge Andersen i Perus jungel." *Ekko. Korsets seiers utenriks- og misjonsmagasin* noviembre de 1986 p. 3.

gobierno sandinista en Nicaragua, en ese momento ya no había misioneros.[25]

En 1990, Hanne Miriam y Tor Inge, junto con sus hijos, llegaron a Nicaragua, donde se instalaron en la ciudad de San Marcos, a unos 40 kilómetros de la capital, Managua.[26] A principios de 1993, la congregación de San Marcos se había más que duplicado, con 54 miembros bautizados y entre 50 y 70 que asistían regularmente.[27]

En 1991 se decidió que Birger Sandli, que había trabajado junto con su familia durante dos períodos en Argentina, se convirtiese en "director de proyecto para la participación de *PYM* [en Nicaragua], que incluía tareas administrativas en agricultura, atención médica, escuelas y construcción de viviendas." Esto se debió al hecho de que las dos visitas anteriores de Sandli a Nicaragua le habían dado una "muy buena entrada al movimiento pentecostal central en el país, y [por lo tanto] había aceptado una solicitud de los líderes del movimiento para viajar dentro del país para inspirar y ayudar a las muchas congregaciones pequeñas fuera de los distritos."[28]

Después de tiempo de gira en Noruega, en 1995 Hanne Miriam y Tor Inge estaban listos para regresar a Nicaragua, esta vez con el objetivo de fundar una iglesia en el pueblo de Jinotepe, a unos diez kilómetros de San Marcos, donde la congregación ya se sustentaba económicamente.[29] Permanecieron en Jinotepe hasta 1998.[30]

---

[25] Tor Inge Andersen, "Pinsebevegelsen i Nicaragua: En bevegelse i framgang." *Korsets seier* el 27 de octubre de 1989 p. 5. Puede parecer, sin embargo, que el primer misionero pentecostal en Nicaragua, e incluso en América Latina como tal, fue Edward Barnes, quien llegó ya en 1907 y permaneció en el país hasta 1917. Anderson, "Primeras misiones pentecostales en América Latina," p. 10.

[26] Tor Inge y Hanne Miriam Andersen, "Vekkelseskampanje og menighetsbygging i Nicaragua." *Ekko* noviembre de 1990 p. 16.

[27] "Nicaragua: Menigheten mer enn fordoblet." *Misjonsbilag* p. 10 como suplemento a *Korsets seier* el 14 de mayo de 1993.

[28] Svenn-Olav Larsen, "Misjonær Birger Sandli m/familie til Nicaragua." *Korsets seier* el 8 de febrero de 1991 p. 16. *Korsets seier* ya en 1987 había dedicado casi una página entera a Nicaragua. "Unge søker Gud i det urolige Nicaragua." *Korsets Seier* el 6 de noviembre de 1987 p. 5.

[29] Oddvar Johansen, "Vår oppgave er menighetsbygging." *Korsets seier* el 13 de enero de 1995 p. 21.

[30] Lasse Rosten, "Vekst og behov i Nicaragua." *Korsets seier* el 28 de octubre de 2005 pp. 12-3. Además, fundaron una congregación en St. Teresa. En total, las tres congregaciones contaban con varios cientos de miembros. Tor Inge Andersen, "Støtte til nicaraguanske menigheter." *Korsets seier* el 12 de marzo de 2010 p. 20.

Cuba

A pesar de haber habido relativamente muchos artículos sobre Cuba en *Korsets seier*, no se ha enviado ningún misionero desde Noruega hasta ahora. Lisbeth J. Fumero, cuyo esposo Mario es cubano, ha visitado Cuba en varias ocasiones y ha tenido contacto tanto con iglesias como con cristianos individuales. En 1998 ya había visitado el país seis veces. Uno de sus motivos era brindar apoyo financiero a los pastores.[31]

De manera similar, Gro y John Agersten, ex-misioneros en Perú, vivieron en Cuba de 2003 a 2006, donde ellos, como representantes de la organización sueca *Erikshjälpen* (Eriks Development Partner), trabajaron como directores de proyectos con el enfoque principal en mejorar las condiciones de personas con discapacidades físicas. Vivían en Sancti Spíritus donde repararon y mejoraron tres edificios para los niños y jóvenes y también proporcionaron equipamiento interior. Se renovaron y equiparon varias cocinas comerciales para la distribución de comidas a escuelas primarias y escuelas especiales, así como el hospital infantil de la ciudad. Además, completaron tres escuelas de la aldea y trabajaron en una cuarta escuela. Los fines de semana visitaban congregaciones evangélicas, donde se les daba permiso para testificar además de aportar ayuda económica a las familias de pastores, con especial enfoque en mejoras de vivienda.[32]

Un impulso indirecto hacia el ministerio en Cuba es también la editorial *New Life Ministries Norway*, que ha enviado traducciones al español de libros manga para niños y jóvenes.

Puerto Rico

El cristianismo pentecostal parece haber llegado a Puerto Rico a través de Juan León Lugo alrededor de 1915. Había experimentado una conversión cristiana en Hawaii en 1907 y se unió a una congregación de habla hispana allí antes de mudarse temporalmente a California y fundar una congregación de habla hispana en la ciudad

---

[31] Lisbeth J. Fumero, "Et besøk på Cuba." *Korsets seier* el 9 de octubre de 1998 p. 15. Podría parecer que J. M. Shidens fue el primer misionero pentecostal que llegó a Cuba en 1913. Anderson, "Primeras misiones pentecostales en América Latina" p. 11.

[32] Geir Lie, entrevista con Gro y John Agersten, el 29 de octubre de 2024.

de San José.³³ La contribución *noruega* al pentecostalismo en la isla, por otra parte, se centra en gran medida en Sally Olsen (1912-2006). Nació en Bergen, pero después de que su padre muriera cuando ella tenía cinco años, pasó los siguientes seis o siete años de infancia en Andøya, en el norte de Noruega.³⁴ Poco se sabe de su infancia, excepto que la pusieron a cuidar cabras. A los 12 años le permitieron volver a vivir con su madre y cinco años más tarde la familia reunida emigró a los Estados Unidos,³⁵ donde Sally experimentó una conversión cristiana. Después de un año de instrucción bíblica en la iglesia del sueco-estadounidense Joseph Mattson-Bozé en Chicago, en 1952 viajó a Puerto Rico.³⁶ Allí se sintió atraída hacia la iglesia La Roca en Santurce en las afueras de la ciudad de San Juan, donde Frank Hernández era pastor. Allí también conoció a Carmencita, de 4 años, que constantemente no sólo quería sentarse junto a ella en las reuniones, sino que también quería que ella fuera su nueva mamá. Probablemente Sally también tuvo un encuentro con su propia infancia dolorosa, y finalmente aceptó cuidar a la pequeña, ya que sus padres la habían abandonado y solo recibía cuidados esporádicos de los vecinos.

Sally ahora tenía que encontrar una vivienda familiar en Río Piedras, San Juan, pero no pasó mucho tiempo antes de que un número cada vez mayor de niños huérfanos o abandonados la obligaran a mudarse una vez más. Junto con un grupo cada vez mayor de niños, adquirió una casa en el suburbio de Guaynabo, que se convirtió en la base de su Fundación *Rose of Sharon*.³⁷ Durante la visita del héroe de guerra y autor Max Manus en 1975, su orfanato albergaba a unos 80 niños de distintas edades,³⁸ y doce años después, *Rose of Sharon* tenía cinco edificios en la propiedad "con espacio para más de 60 niños además de locales escolares y oficinas para la administración," y también una adecuada cocina, comedor, lavandería y almacén de emergencia.³⁹

---

³³ Anderson, "Primeras misiones pentecostales en América Latina," p. 11.
³⁴ Max Manus, *Sally Olsen: Fangenes engel i Puerto Rico* (Oslo: Luther forlag, 5ª. ed. 1986), p. 14.
³⁵ Egil Mentzen, *Jubileumsboken om Sarons Rose og Sally Olsen – "Fangenes engel" på Puerto Rico ... men Gud ga vekst* (Oslo: Nye Luther Forlag, 1987), pp. 28-9.
³⁶ *https://www.maran-ata.no/sally-olsen/* [Accedido el 22 de marzo de 2024].
³⁷ Mentzen, *Jubileumsboken* pp. 9-15.
³⁸ Manus, *Sally Olsen* p. 107.
³⁹ Mentzen, *Jubileumsboken* p. 16.

Egil Mentzen llegó a Puerto Rico en 1975 y reemplazó a Sally Olsen en la dirección del orfanato.[40] Además, *Rose of Sharon* ha sostenido reuniones en varias cárceles de San Juan, donde muchos de los presos han experimentado una conversión cristiana y han recuperado sus vidas. La organización *Rose of Sharon* también ha distribuido Biblias y apoyado financieramente a iglesias y evangelistas.[41] Para fortalecer en la fe a los prisioneros recién convertidos, a mediados de la década de 1970 se creó un curso por correspondencia en el que se explicaban las verdades básicas de la Biblia en diez folletos de estudio. El curso por correspondencia también se hizo popular en varias congregaciones de Puerto Rico, e incluso se lo pidió desde España y varios países latinoamericanos.[42] También se construyó un estudio y desde allí se hacían programas de radio evangélicos que llegaban no sólo a todo Puerto Rico sino a varias de las naciones insulares del Caribe.[43]

Rose of Sharon siempre se ha definido como un proyecto misionero independiente e interdenominacional. Desde la visita de Sally Olsen a Noruega en 1963, la obra ha tenido estrechos vínculos con la denominación Maran Ata, aunque *Rose of Sharon* ha tenido su oficina de misiones independiente en Oslo.[44] Desde entonces ha ampliado sus operaciones para incluir más países latinoamericanos, pero esta operación ampliada ya no existe. El trabajo es liderado hoy por Karin Skau Colón, quien llegó a Puerto Rico en 1967.[45] El orfanato, sin embargo, ya no existe, pero además de una escuela privada cristiana todavía se gestiona una misión en las cárceles.[46]

---

[40] Mentzen, *Jubileumsboken* p. 50.
[41] Mentzen, *Jubileumsboken* pp. 85-6.
[42] Mentzen, *Jubileumsboken* pp. 99-108.
[43] Mentzen, *Jubileumsboken* p. 123.
[44] Mentzen, *Jubileumsboken* pp. 143-50. Sally Olsen visitó Maran Ata, Oslo, por primera vez en 1961. Saltnes, *Som et stormvær* p. 59.
[45] Mentzen, *Jubileumsboken* p. 156.
[46] Geir Lie, conversación telefónica con Ole Bjørn Saltnes, el 28 de octubre de 2024.

8

MÁS ALLÁ DE AMÉRICA LATINA

Alaska

Elijo incluir en este libro una presentación de la obra misionera de Gustav y Laura Nyseter entre los esquimales. Alaska pertenece a los Estados Unidos, y Gustav y Laura Nyseter optaron por establecerse en la isla Diómedes Menor en medio del estrecho de Bering. La isla es parte de Alaska.

Gustav había experimentado una conversión cristiana en 1907, pero desde niño había sentido una atracción hacia las misiones. Después de su conversión, fue llamado deliberadamente "hasta los confines de la tierra."[1] Junto con Laura, a quien había conocido en el norte de Noruega, en 1921 se trasladó a Alaska, donde dos años más tarde el misionero sueco Nils Fredrik Höijer (1857-1925) se puso en contacto con él para pedirle que "lo acompañara [...] a Siberia y predicar a Cristo a los esquimales allí."[2] Höijer, de 66 años, llevaba unos 40 años predicando en Rusia, el Cáucaso y Asia Central.

Gustav y Laura ahora establecieron su base en la isla Diómedes Menor, pero Gustav hizo varios viajes a la isla Diómedes Mayor a 4 kilómetros de distancia, que formaba parte de Rusia. Los esquimales también pasaban a menudo de una isla a otra, lo que permitía predicar

---

[1] Gustav Nyseter, *Jordens ytterste ender. En virkelighetsskildring fra et mangeårig ophold i Beringstredet* (Kvinesdal: Kvina Trykk, 1976), p. 7.
[2] Nyseter, *Jordens ytterste ender* p. 31.

con la ayuda de un intérprete. Laura murió, sin embargo, en 1930 y Gustav luego regresó a Noruega.[3]

Trinidad

Kåre Wilhelmsen (1922-83),[4] con experiencia previa como misionero en la India, donde se había casado con la estadounidense Jean Mitchell (1913-84) en 1949, había dejado aquel país en 1953. Mientras vivían en Los Ángeles, se enteraron de la necesidad de misioneros en Trinidad. La nación insular del Caribe parecía ideal teniendo en cuenta la gran cantidad de indios que vivían allí, y tanto Kåre como Jean hablaba hindi con fluidez.

En 1954 iniciaron una obra bajo el auspicio de la *Open Bible Standard Mission* en la ciudad de San Fernando.[5] Al año siguiente recibieron ayuda del matrimonio noruego Spencer y Klara Jones, quienes, al igual que Jean y Kåre, habían trabajado anteriormente como misioneros en la India. Spencer y Klara permanecieron en Trinidad hasta 1957.[6] Además de la plantación de iglesias, también se

---

[3] La pareja noruego-estadounidense Oskar Brune (Brown) de Stranda en Sunnmøre y Ella Rølvaag de Dønna en Nordland, en el norte de Noruega, parece haber continuado el trabajo de los Nyseter en Alaska según Torbjørn Greipland, "Kaldt til kulden." *Dagen* el 5 de enero de 2020. https://www.dagen.no/korsets-seier/kalt-til-kulden/910688 [Accedido el 23 de noviembre de 2024]. Cf. también Agnes Rodli, *Strait gate. A norse saga: Mission to the Diomede islands in the 1920's* (Enumclaw, WA: WinePress Publishing, 1999).

[4] "Wilhelmsen, Kåre." *Norsk Misjonsleksikon.* Vol. 3 (Stavanger: Nomi forlag – Runa forlag, 1967), p. 1069. Jean Wilhelmsen escribió *Trails through Trinidad* (Los Ángeles, CA: The Go Ye Fellowship Inc., 2da. imp., 1973), el cual contiene seis testimonios de Trinidad.

[5] Robert Bryant Mitchell y Marietta Mitchell Smith, *Jennie and the Song of the Meadowlark* (Weaverville, CA: Isaiah Sixty One, 1988), pp. 103, 137-41. *Open Bible Churches* (antes *Open Bible Standard Churches*), con sede en Des Moines, Iowa es el resultado de una fusión de los dos antiguos grupos pentecostales *The Bible Standard Conference* (un grupo disidente de *the Apostolic Faith*, con sede en Portland, Oregón) y *The Open Bible Evangelistic Association* (un grupo disidente de la Iglesia Cuadrangular).

[6] El padre de Spencer, de nombre idéntico, era británico y había trabajado como misionero médico en China. Se casó con Agnes Marie Iversen en 1915. Ella había sido una misionera pionera dentro de la misión de la Alianza en China desde 1911. Su hijo, Spencer Norman Jones (1916-85), había conocido a Klara Ellen Hansen (1922-99) mientras él trabajaba como evangelista en Gudbrandsdalen. Se casaron en 1946. Después de que Spencer estudiara medicina tropical en Londres en 1945, salieron como misioneros y Spencer tuvo la responsabilidad principal en la estación

inició un instituto bíblico para equipar a los colaboradores nacionales. Spencer Jones dirigió el instituto bíblico durante 1955-57. Kåre y Jean dejaron Trinidad en 1960, pero el trabajo continuó bajo la dirección de líderes nacionales.[7]

En 1996, Torkel Pedersen también viajó a Trinidad junto con su esposa Kathleen, que nació allí. Recibieron apoyo tanto del Evangeliesenteret como de Tabernaklet, Bergen. Trabajaron especialmente con la ayuda a personas con problemas de adicciones.

---

misionera de Chopda en la India. Después de que Spencer y Klara regresaran a Noruega, en 1963 Spencer se presentó al *filologiske embedseksamen* (que incluye el título de maestría) en la Universidad de Oslo. Geir Lie, entrevista con John Yngvar Jones, el 11 de noviembre de 2024; "Jones, Klara Ellen" y "Jones, Spencer Norman" en *Norsk Misjonsleksikon*. Vol. 2 (Stavanger: Nomi forlag – Runa forlag, 1966), p. 461.

[7] "Tribute to our founders." Folleto, publicado por Open Bible Church en San Fernando, Trinidad [n.d.]. Por más información sobre la obra misionera en Trinidad, cf. Robert Bryant Mitchell, *Heritage & Harvest. The History of International Ministries of Open Bible Standard Churches* (Des Moines, IA: Open Bible Publishers, 1995), pp. 248-77 y Andy Homer, *Praise & Promise: A History of the Open Bible Standard Churches of Trinidad and Tobago* (Des Moines, IA: Open Bible Publishers, 2004).

BIBLIOGRAFÍA

"5 minutter med Liv Haddal." *Korsets seier* el 3 de mayo de 1978 p. 11.
Aardalen, Gerda Lillian. Feltkonferanse i Paraguay." *Korsets seier* el 29 de julio de 1967 p. 7.
Aardalen, Gerda Lillian. "Flodmisjonen i Pando, Bolivia." *Korsets seier* el 6 de marzo de 1965 pp. 11-2.
Aardalen, Gerda Lillian. "Fra arbeidet i Nord-Parana, Brasil." *Korsets seier* el 29 de agosto de 1959 pp. 555-6.
Aardalen, Gerda Lillian. "Fra sykearbeidet i Paraná." *Korsets seier* el 18 de mayo de 1963 p. 313.
Aardalen, Gerda Lillian. "Norsk pinsemisjon innregistrert i Paraguay." *Korsets seier* el 20 de mayo de 1967 p. 12.
Aardalen, Gerda Lillian. "Sterkt gjensyn med Juan som hun reddet fra døden." *Korsets seier* el 27 de enero de 2006 p. 15.
Aardalen, Gerda Lillian y Asta Hadland, "Ny misjonsstasjon åpnet i Atyra, Paraguay." *Korsets seier* el 21 de junio de 1967 p. 5.
Aateigen, Edith y Liv Haug. "Glimt fra Peru, kontrastenes land." *Korsets seier* el 29 de mayo de 1974 p. 5.
Adolfsen, Eva Marie y Helge. "Høytidsdager i Rurrenabaque." *Korsets seier* el 27 de noviembre de 1976 p. 6.
Adolfsen, Helge. "Menighetsdannelse og utvidelse av arbeidet fra Rurrenabaque." *Korsets seier* el 14 de septiembre de 1977 p. 7.
Adolfsen, Helge. "Radiomisjonen når millioner av lyttere i Sør Amerika." *Korsets seier* el 4 de mayo de 1977 pp. 8-9.
Adolfsen, Helge. "Våre muligheter for misjon i Sør-Amerika i dag." *Korsets seier* el 22 de julio de 1978 p. 13.
"Åge Håskjold med familie på vei til Argentina." *Det gode Budskap* el 10 de marzo de 1968 p. 3.
Agersten, Gro y John. "Blant indianere og meztiser i Peru's jungel." *https://peru.agersten.com/author/johnagersten-com/* [Accessado el 23 de noviembre de 2024].

Agersten, Gro y John. Correo electrónico al autor con fecha el 19 de noviembre de 2024 y con datos suplementarios para el manuscrito inacabado tal como entonces existía.
Agersten, Gro y John. "Langs floden med evangeliet." *Korsets seier* el 23 de mayo de 1970 p. 7.
Agersten, Gro y John. "Misjonsrapport fra Peru: Dåpsmøter og nye kirker." *Korsets seier* el 11 de abril de 1997 p. 9.
Agersten, Gro y John. "Peru venter." *Korsets seier* el 20 de noviembre de 1965 p. 19.
Agersten, Gro y John. "På høyfjell og i jungelen forkynnes evan-geliet." *Korsets seier* el 8 de julio de 1967 p. 16.
Agersten, John. "En nyfrelst vitnet – og landsbyen bad om besøk av misjonærene." *Korsets seier* Pascua 1973 p. 2.
Agersten, John. "Peru – inkaindianernes land." *Korsets seier* el 21 de diciembre de 1966 p. 7.
Alegre, Rakel Ystebø. "La misión pentecostal en Embarcación. Conversiones y cambios socio-culturales entre los indígenas afectados por la misión de Berger Johnsen (1916-1945)." Tesis de maestría en la Universidad Nacional de San Martín en Buenos Aires, Argentina, 2010.
Alegre, Rakel Ystebø. "The Pentecostal Apologetics of T. B. Barratt: Defining and Defending the Faith 1906-1909." PhD disertación en Regent University School of Divinity en Virginia Beach, Virginia, Marzo 2019.
"Alles frelse." *Korsets seir* el 15 de agosto de 1916 pp. 122-3.
Alvarsson, Jan-Åke. "Daniel e Sara Berg." *Reflexões – Uma Perspectiva Pastoral e Eclesial* 2-2 (Octubre) 2022 pp. 29-62.
Alvarsson, Jan-Åke. "Frida Vingren." *Reflexões – Uma Perspectiva Pas-toral e Eclesial* 2-1 (Enero) 2022 pp. 63-105.
Alvarsson, Jan-Åke. *La historia de la misión sueca libre en Bolivia. Una iniciativa nórdica pentecostal para evangelizar a los pueblos de Bolivia* (Uppsala: Uppsala Universitet, 2021).
Andersen, Leif G. "Bibelskole i Paraná." *Korsets seier* el 24 de agosto de 1963 p. 538.
Andersen, Leif. "Du er i Brasil nå." *Korsets seier* el 25 de septiembre de 1982 p. 5.
Andersen, Leif G. "Hjem fra Parana." *Korsets seier* el 14 de enero de 1961 pp. 27-8.
Andersen, Leif G. "Lokaler brennes i Brasil." *Korsets seier* el 16 de diciembre de 1967 p. 8.
Andersen, Leif G. "Parana, Brasil – landet med stor rikdom – og fattigdom." *Korsets seier* el 19 de abril de 1952 pp. 193-4.
Andersen, Olaug y Leif. "Håpets hospits. En hjelp i nøden." *Korsets seier* el 4 de diciembre de 1971 p. 7.

Andersen, Olaug y Leif. "Nye landevinninger i Parana." *Korsets seier* el 26 de enero de 1972 p. 8.

Andersen, Olaug y Leif. "Nyttårshilsen fra Parana." *Korsets seier* el 22 de febrero de 1958 pp. 123-24.

Andersen, Per. "En liten hilsen fra Brooklyn." *Det gode Budskap* el 20 de septiembre de 1961 pp. 217, 222.

Andersen, Tor Inge. "Pinsebevegelsen i Nicaragua: En bevegelse i framgang." *Korsets seier* el 27 de octubre de 1989 p. 5.

Andersen, Tor Inge. "Støtte til nicaraguanske menigheter." *Korsets seier* el 12 de marzo de 2010 p. 20.

Andersen, Tor Inge y Hanne Miriam. "Vekkelseskampanje og menighetsbygging i Nicaragua." *Ekko* noviembre de 1990 p. 16.

Anderson, Allan H. "Primeras misiones pentecostales en América Latina." *Hechos: Una Perspectiva Pneumatológica* 4:1 2022 pp. 3-25.

Anderson, Robert Mapes. *Vision of the Disinherited. The Making of American Pentecostalism* (Nueva York: Oxford University Press, 1979).

Andreassen, Edvin. "Besøk fra Argentina til landsmøtet '89." *Det gode Budskap* el 1 de abril de 1990 p. 9.

Andreassen, Edvin. "De Frie Evangeliske Forsamlinger har drevet misjon i 80 år." *Det gode Budskap* el 15 de marzo de 1990 pp. 12-13, 21.

Andreassen, Edvin. "Evangelist Luis Alberto Ledesma fra Argentina besøker Norge." *Det gode Budskap* el 1 de julio de 1989 p. 13.

Andreassen, Edvin. "Per Andresen til Brasil igjen." *Det gode Budskap* el 10 de enero de 1979 pp. 6, 9.

Andreassen, Edvin. "Misjonærene Dahl's har leid møtesalong i Cordoba." *Det gode Budskap* mayo de 1974 p. 3.

Andreassen, Erling. "Det bygges skole i Bolivia, men…" *Korsets seier* el 21 de agosto de 1965 p. 13.

Andreassen, Erling. "'El Condor de los Andes' til nordisk misjon i Bolivia." *Det gode Budskap* el 15 de octubre de 1985 p. 10.

Andreassen, Erling. "Flodmisjonen i Bolivia får støtte fra Hvaler." *Korsets seier* el 30 de junio de 1971 p. 5.

Andreassen, Erling. "Innvielse av bibelskolen i Cochabamba, Bolivia." *Korsets seier* el 14 de octubre de 1988 p. 28.

Andreassen, Erling. "Store muligheter og store behov i Bolivia." *Korsets seier* el 22 de abril de 1972 pp. 4, 7.

Andreassen, Erling y Börje Green, "Store behov i Bolivia-arbeidet." *Korsets seier* el 14 de febrero de 1981 p. 13.

Andreassen, Erling y Hans Svartdahl, "Nye misjonærer til Paraguay." *Korsets seier* el 21 de febrero de 1973 p. 8.

Andreassen, Marita y Erling. "Arbeidet ved Benifloden vokser både i bredde og dybde." *Korsets seier* Pascua 1967 p. 20.

Andresen, Alice y Per. "Barnehjemmet i Cambara." *Det gode Budskap* no. 8 2005 p. 39.
Andresen, Alice y Per. "Brasil." *Det gode Budskap* el 1 de febrero de 1970 p. 8.
Andresen, Alice y Per. "Brasil kaller." *Det gode Budskap* el 10 de noviembre de 1965 p. 3.
Andresen, Alice y Per. "Flodmisjon åpnes i Amazonas." *Det gode Budskap* el 10 y el 20 de agosto de 1977 p. 11.
Andresen, Alice y Per. "Nyttårshilsen fra Brasil." *Det gode Budskap* el 1 de febrero de 1966 p. 3.
Andresen, Alice y Per. "Ut til en ny periode i Brasil." *Det gode Budskap* el 1 de diciembre de 1969 pp. 7, 4.
Andresen, Alice y Per. "Vel fremme i Brasil." *Det gode Budskap* 10 – 20 de febrero de 1975 pp. 8-9.
Andresen, Alvina y Erling. "Arbeidet i Argentina går fram." *Korsets seier* el 10 de septiembre de 1966 p. 7.
Andresen, Alvina y Erling. "Argentina." *Korsets seier* el 18 de abril de 1931 p. 5.
Andresen, Alvina y Erling. "Argentina." *Korsets seier* el 24 de septiembre de 1938 p. 6.
Andresen, Alvina y Erling. "Argentina." *Korsets seier* el 25 de febrero de 1939 pp. 122-23.
Andresen, Alvina y Erling, "Argentina." *Korsets seier* el 24 de junio de 1939 pp. 403-404.
Andresen, Alvina y Erling. "Fra Argentina." *Korsets seier* el 14 de enero de 1933 p. 6.
Andresen, Alvina y Erling. "Hilsen fra misjonær Erling Andresen og hustru." *Korsets seier* el 26 de enero de 1946 pp. 63-4.
Andresen, Alvina y Erling. "Mer om vekkelsen i Buenos Aires." *Korsets seier* el 12 de marzo de 1955 pp. 162-63.
Andresen, Alvina y Erling. "Misjonsarbeidet bærer frukt i Argentina." *Korsets seier* el 11 de julio de 1959 p. 444.
Andresen, Alvina y Erling. "Pinsevekkelsen i Argentina." *Korsets seier* el 7 de diciembre de 1929 p. 7.
Andresen, Alvina y Erling. "Vekkelse i Buenos Aires." *Korsets seier* 24 – 31 de julio de 1954 p. 475.
Andresen, Erling. *Blandt indianere og katolikker i Argentina* (Oslo: Filadelfiaforlaget, [n.d.]).
Andresen, Erling. "Ut til 'Argentina.'" *Korsets seir* el 20 de abril de 1925 p. 3.
Andresen, Per. "Brasil for Kristus." *Det gode Budskap* el 10 de agosto de 1965 p. 3.
Andresen, Per. "Hilsen fra Brasil." *Det gode Budskap* el 20 de septiembre de 1963 p. 202.

Andresen, Per. "Hilsen fra misjonær Per Andresen." *Det gode Budskap* el 20 de noviembre de 1962 p. 270.
Andresen, Per. "Hjem fra Brasil." *Det gode Budskap* el 20 de mayo de 1978 p. 1.
Andresen, Per. "Per Andresen reiser til Brasil 20. mai." *Det gode Budskap* el 1 de mayo de 1968 p. 9.
Aquino, Almidio. "William Carey og vi." *Korsets seier* el 5 de octubre de 2012 p. 30.
Ardiles, Turid Sneve. "Bryllup i Argentina." *Det gode Budskap* 10-20 de julio y el 1 de agosto de 1978 p. 8.
"Argentinabesøk i norske menigheter." *Korsets seier* el 10 de marzo de 1989 p. 5.
"Assembleias de Deus no Brasil." https://pt.wikipedia.org/wiki/Assembleias_de_Deus_no_Brasil [Accessado el 4 de abril de 2024].
"Avskjedsfest for Hanne Berit Johansen." *Korsets seier* el 24 de octubre de 1964 p. 678.
"Avskjedsfest for misjonærene Ruth og Arne Johansson med familie." *Korsets seier* el 8 de octubre de 1966 p. 9.
Barratt, Laura. *Minner* (Oslo: Filadelfiaforlaget, 1946).
Barratt, Thomas Ball. *Erindringer* (Oslo: Filadelfiaforlaget, 1941).
Barratt, Thomas Ball. *When the fire fell and an outline of my life* (Oslo: Publicación independiente, 1927).
"Benjamin O. Jensen ønsket velkommen hjem etter første periode i Argentina." *Korsets seier* el 4 de noviembre de 1988 p. 16.
Bergman, Nils-Erik. "Vi trives i jungelen." *Ekko. Korsets seiers utenriks- og misjonsmagasin* febrero de 1991 p. 13.
Berntzen, Rakel E. y Kristin B. Karlsen. "En verden av muligheter." *M2 Misjonsmagasinet* no. 2 2013 pp. 16-19. Suplemento a *Korsets seier* el 17 de mayo de 2013.
"Bibelskolene viktige i Bolivia." *Ekko. Bilag til Korsets seier* mayo de 1992 pp. 10-1.
Bjørnevoll, Inge. "Bruno Müller til minne." *Korsets seier* el 18 de enero de 1978 p. 14.
Bjørnevoll, Inge. "En misjonerende livsstil, hva er det?" *Misjonsmagainet.* Tema: Responsabilidad de mayordomía. *Et temamagasin for De Norske Pinsemenigheters Ytremisjon* pp. 8-9 (Sup-lemento a *Korsets seier* el 18 de mayo de 2007).
Bjørnevoll, Inge. "Høytidsdag da kirken i Paso Cadena ble innviet." *Korsets seier* el 7 de octubre de 1994 p. 12.
Bjørnevoll, Inge. "I Paraguay: Ein misjonseksplosjon!" *Ekko. Korsets seiers utenriks- og misjonsmagasin* febrero de 1988 p. 10.

Bjørnevoll, Inge. "Merkedagar for pinserørsla i Paraguay." *Korsets seier* el 27 de septiembre de 1972 p. 12.

Bjørnevoll, Inge. "Skandinavisk IBRA-samarbeid i Paraguay." *Korsets seier* el 17 de mayo de 1980 p. 10.

Bjørstad, Ada. "Hilsen fra Bolivia." *Korsets seier* el 11 de noviembre de 1961 pp. 715-6.

Bjørstad, Ada. "Jungelnytt fra Bolivia." *Korsets seier* el 11 de mayo de 1963 pp. 296-7.

Bloch-Hoell, Nils Egede. *Pinsebevegelsen. En undersøkelse av pinse-bevegelsens tilblivelse, utvikling og særpreg med særlig henblikk på bevegelsens utforming i Norge* (Oslo: Universitetsforlaget, 1956).

"Brasil for Kristus." *Det gode Budskap* el 1 de octubre de 1969 pp. 8-9.

"Brit-Lajla og Rudolfs side." *https://www.pymisjon.com/Guarani/larsen_bs.htm*. [Accesado el 23 de noviembre de 2024].

Bullen, Vidar y Ranveig A. Edvardsen. "Stor dag for indianerne i Ing. Juarez, Argentina." *Korsets seier* el 18 de enero de 1991 pp. 1, 5.

Bundy, David D. "Missões Pentecostais no Brasil. O Caso do norueguês G. Leonard Pettersen." *Reflexões – Uma Perspectiva Pastoral e Eclesial* 2:2 (Octubre) 2022, pp. 63-75.

Bundy, David Dale. "Paraguay" en Stanley M. Burgess y Eduard M. van der Maas, eds., *The New International Dictionary of Pentecostal Charismatic Movements*. Revised and expanded edition (Grand Rapids, MI: Zondervan Publishing House, 2002).

Bundy, David Dale. "Visions of Apostolic Mission. Scandinavian Pentecostal Mission to 1935." PhD disertación (Uppsala: University of Uppsala, 2009).

Burgess, Stanley M. Burgess y Eduard M. van der Maas, eds., *The New International Dictionary of Pentecostal Charismatic Movements*. Revised and expanded edition (Grand Rapids, MI: Zondervan Publishing House, 2002).

Byberg, Oddmar. "Radioarbeidet i Paraguay." *Korsets seier* el 25 de mayo de 1974 p. 31.

Bye, Gerd. "Dagligliv hos misjonærene i Chile." *Korsets seier* el 23 de julio de 1966 p. 12.

Bye, Gerd. "Ny misjonsstasjon med barnehjem i Chile." *Korsets seier* el 19 de febrero de 1966 p. 7.

Bye, Gerd y Tom. "Til Chile." *Korsets seier* el 2 de diciembre de 1961 p. 763.

Christiansen, Anne. "Fyrverkeri i Amazonas." *Korsets seier* el 28 de noviembre de 2014 p. 36.

Cloumann, Jørgen. "Fattige indianere vil misjonere blant unådde." *Korsets seier* el 16 de enero de 2009 p. 22.
Coletti, Joseph. "Francescon, Luigi" en Stanley M. Burgess y Eduard M. van der Maas, eds., *The New International Dictionary of Pentecostal-Charismatic Movements*. Revised and expanded edition (Grand Rapids, MI: Zondervan Publishing House, 2002).
Dahl, Arne. "Hjem fra Brasilien." *Korsets seier* Navidad 1939 pp. 821-2.
Dahl, Daniel. "Argentina - dagens aktuelle misjonsfelt." *Det gode Budskap* el 1 de marzo de 1967 p. 7.
Dahl, Daniel. "Echeverria, Tucuman, Argentina." *Det gode Budskap* el 1 de noviembre de 1973 p. 5.
Dahl, Daniel. "På reise fra Norge til argentinsk millionby." *Det gode Budskap* el 20 de octubre de 1966 pp. 3, 7-8.
Dahl, Tordis y Daniel. "Den som tror og blir døpt. Innhøstning i Argentina." *Det gode Budskap* el 10 de febrero de 1969 p. 3.
Dahl, Tordis y Daniel. "Evangelisk radiomisjon over eteren i Tucuman, Argentina." *Det gode Budskap* el 1 de julio de 1969 pp. 9, 12.
Dahl, Tordis y Daniel. "Familien Dahl i Argentina etablerer sin misjonsvirksomhet i Tucuman." *Det gode Budskap* el 15 de febrero de 1968 pp. 3-4.
Dahl, Tordis y Daniel. "Familien Dahl vel ankommet til Argentina." *Det gode Budskap* el 10 de octubre de 1966 p. 3.
Dahl, Tordis y Daniel. "Gå derfor ut!" *Det gode Budskap* el 10 de marzo de 1966 p. 3.
Dahl, Tordis y Daniel. "Nytt fra Daniel Dahl i Argentina." *Det gode Budskap* el 20 de abril de 1967 p. 3.
Dahl, Turid. "Gud har velsignet med sjelers frelse!" *Det gode Budskap* el 1 de diciembre de 2002 pp. 34, 44.
"Det 'nye lys' saakaldet paa retur." *Korsets seir* el 15 de octubre de 1916 p. 159.
"Det skjer under i Paraguay." *Korsets seier* el 5 de agosto de 1972 p. 10.
Domínguez, Eugenio. *Noruega a Chile: En el nombre de Jesús. Biografía del misionero noruego Nils Gunstad (1877-1949)*. Versión Kindle.
Dragland, Signora. "Argentina." *Korsets seier* Navidad 1931 p. 12.
Edvardsen, Ranveig Annie. "Takk til Per Talaasen." *Korsets seier* el 26 de abril de 1972 p. 4.
Ekornaas, Else. "Mitt møte med vennene i Concepcion." *Korsets seier* el 12 de febrero de 1975 p. 11.
Ekornaas, Else, Eldbjørg y Thor Johnny Thoresen, "Første dåpshandling i V. Alemana Chile." *Korsets seier* el 31 de diciembre de 1975 p. 9.
Ekornaas, Mary y Jakob. "Guds verk går fram i Chile." *Korsets seier* el 18 de junio de 1993 p. 12.

Eriksen, Berit. "Hilsen fra Parana." *Korsets seier* el 4 de mayo de 1963 pp. 280-1.
Eriksen, Berit. "Parana, Brasil." *Korsets seier* el 11 de febrero de 1961.
Eriksen, Roar. "'Norsk' kirkevekst i Argentina." *Korsets seier* el 26 de agosto de 2016 p. 35.
Eriksen, Solfrid y Roar. "10-årsjubileum i Argentina." *Korsets seier* el 3 de abril de 1987 p. 14.
Eriksen, Solfrid y Roar. "Begivenhetsrike år i Laboulaye, Argentina." *Korsets seier* el 7 de febrero de 1976 p. 5.
Eriksen, Solfrid y Roar. "Framgang for Guds Ord i Laboulaye, Argentina." *Korsets seier* el 12 de noviembre de 1980 p. 10.
Eriksen, Solfrid y Roar. "Guds ord forvandler." *Korsets seier* el 13 de enero de 1973 p. 9.
Eriksen, Solfrid y Roar. "Nye misjonærer møter Argentina." *Korsets seier* el 4 de noviembre de 1970 p. 4.
Espinoza, Gastón. *Latino Pentecostals in America: Faith and Politics in Action* (Cambridge, MA: Harvard University Press, 2014).
Espinoza, Gastón. "The Holy Ghost is here on Earth? The Latino Contributions to the Azusa Street Revival." *Enrichment* Primavera 2006 p. 119.
"Evangelisering forbudt i Bolivia." *Korsets seier* el 26 de enero de 2018 p. 35.
"Evangelist Per Andresen til Syd-Amerika." *Det gode Budskap* el 2 de enero de 1961 pp. 6-7.
Faupel, David William. *The Everlasting Gospel. The Significance of Eschatology in the Development of Pentecostal Thought* (Sheffield: Sheffield Academic Press, 1996).
"Feltet i Brasil i trygge hender." *Det gode Budskap* el 1 de junio de 1967 p. 8.
Fjalestad, Olav. "Det nye barnehjemmet i Cambara en lysstråle i den sosiale nøden i Brasil." *Det gode Budskap* el 15 de marzo de 1991 pp. 12-3, 19, 23.
"Følgende misjonærer." *Korsets seier* el 16 de mayo de 1931 p. 5.
Forberg Benitez, Maria Elena. "The Norwegian Pentecostal Mission and Indigenous Peoples in the Eastern Border Regions of Paraguay (1952-2015). Disseminating Colonial Worldview and Adapting to Human Rights?" Tesis de maestría en Universitetet i Sørøst-Norge, Primavera 2024.
Førland, Aina. "Jeg er verdens heldigste, for jeg treffer mamma og pappa hver helg!" *Korsets seier* el 12 de octubre de 1983 p. 7.
Førland, Hanne, Jorunn y Lars M. "Flest glade og lyse dager på Hogar Norma." *Korsets seier* el 9 de noviembre de 1990 p. 9.
Førland, Jorunn y Lars M., "Hilsen fra Parana – Brasil." *Korsets seier* el 2 de febrero de 1963 p. 77.

Førland, Jorunn y Lars M. "I dag er Angel en annen gutt." *Korsets seier* el 28 de junio de 1969 p. 12.

Førland, Jorunn y Lars M., "Kamp og seier ved Paraná-floden." *Korsets seier* el 15 de junio de 1963 pp. 379-80.

Førland, Jorunn y Lars M. "Salem, Lørenskog, har Paraguay som ytterste utpost og gir evangeliet og sosial hjelp til de nødlidende." *Korsets seier* el 4 de octubre de 1967 pp. 5, 8.

Førland, Lars M. "5 millioner pinsevenner i Brasil." *Ekko. Korsets seier utenriks- og misjonsmagasin* agosto de 1986 pp. 10-1.

Førland, Lars M. "Besøk fra Paraguay." *Korsets seier* el 19 de agosto de 1972 p. 6.

Førland, Lars M. "Framtiden blir sådd i Paraguay." *Korsets seier* el 16 de octubre de 1998 p. 15.

Førland, Lars M. "Misjonshistorie skrevet i Paraguay." *Korsets seier* el 13 de enero de 1968 p. 1.

Førland, Lars M. "Misjonærenes plass i den nasjonale bevegelsen." Suplemento de misión titulado *Paraguay* p. 2 publicado junto con *Korsets seier* el 22 de mayo de 1998.

Førland, Lars M. "Over til Concepcion." *Korsets seier* el 4 de mayo de 1968 p. 12.

Førland, Lars M. "Paraguay informerer." *Korsets seier* el 30 de octubre de 1987 p. 4.

Førland, Lars M. "'Vi venter himmelsk vårregn', sier paraguayisk pastor." *Korsets seier* el 9 de septiembre de 1972 p. 9.

Førland, Lars M., "Ypacarai – et sted med mange muligheter." *Korsets seier* el 28 de junio de 1967 pp. 3, 8.

Forsberg, Bengt Samuel. *Svensk Pingstmission i Argentina* (Huddinge: Missions-Institutet-PMU, 2000).

"Fra Argentina." *Korsets seier* el 30 de agosto de 1930 pp. 6-7.

"Fra Brasilien." *Korsets seier* el 7 de marzo de 1931 p. 6.

"Fra fjern og nær." *Korsets seier* el 30 de octubre de 1926 pp. 2-3.

"Fra Japan til Brasil som misjonærer." *Korsets seier* el 11 de agosto de 1962 p. 510.

"Fremstill deg for Gud." *Det gode Budskap* 10 – 20 de agosto de 1969 p. 3.

Froholt, Asbjørn. *De Frie Evangeliske Forsamlingers misjon. 75 år. Et jubileumsskrift* (Moss: Elias forlag, 1985).

Froholt, Asbjørn. *Erik Andersen Nordquelle. Mannen som med god grunn kunne vært kalt pinsebevegelsens 'mor' og den frie bvangeliske bevegelsens 'far' i Norge. En biografi* (Moss: Eget forlag, 1981).

Froholt, Asbjørn. "Iversen, Gustav" en Geir Lie, ed., *Norsk pinse-kristendom og karismatisk fornyelse. Ettbinds oppslagsverk* (Oslo: Refleks-Publishing, 2da. ed., 2008), p. 78.

Fumero, Lisbeth y Mario. "Avskjed med Honduras etter 11 rike år." *Korsets seier* el 8 de diciembre de 1982 pp. 12, 15.
Fumero, Lisbeth y Mario. "Også Honduras-misjonærer satser på radiomisjon." *Korsets seier* el 14 de junio de 1972 p. 4.
Fumero, Lisbeth J. "Et besøk på Cuba." *Korsets seier* el 9 de octubre de 1998 p. 15.
Gjerlaug, Lars Christian. "PYM vil høre fra misjonærbarna." *Korsets seier* el 22 de junio de 2007 pp. 2-3.
Gjervoldstad, Ole Mats. "Misjonærbarn og internatbarn." *Korsets seier* el 3 de agosto de 2007 p. 17.
Goff, Jr., James, R. Fields *White Unto Harvest. Charles F. Parham and The Missionary Origins of Pentecostalism* (Fayetteville, AR: The University of Arkansas Press, 1988).
Green, Börje. "Ung misjonærstab i Bolivia." *Korsets seier* el 7 de octubre de 1970 p. 6.
Greipland, Torbjørn. "Kaldt til kulden." *Dagen* el 5 de enero de 2020. *https://www.dagen.no/korsets-seier/kalt-til-kulden/910688*
[Accesado el 23 de noviembre de 2024].
Griffin, Kathleen M. "Luz en Sudamérica: Los primeros pente-costales en Gualeguaychú, Entre Ríos, 1910-1917." PhD disertación en el Instituto Universitario ISEDET en Buenos Aires, Argentina, 2014.
"Gro og John Agersten tilbake i Peru." *Korsets seier* el 6 de enero de 1995 p. 18.
Grønvold, Sigurd. "Argentina." *Det gode Budskab* el 15 de abril de 1928 p. 7.
Grønvold, Sigurd. "Misjon Evangelia." *Det gode Budskab* el 15 de febrero de 1932 p. 3.
Gunnarson, Thorstein. *Dommedagsventing: Millennismen og dens innslag i norsk kristendom* (Bergen: A/S Lunde & Cos Forlag, 1928).
Gunstad, Marie. "Fra Huillinco." *Det gode Budskab* el 1 de junio de 1916 pp. 42-3.
Gunstad, Marie. "Fra Sydamerika." *Det gode Budskab* el 1 de octubre de 1910 p. 73.
Gunstad, Marie. "Hvorledes pinseilden kom til Chile!" *Det gode Budskab* el 15 de julio de 1910 pp. 53-4.
Gunstad, Marie. "S. Amerika." *Korsets seir* el 1 de mayo de 1915 pp. 68-9.
Gunstad, Marie. "Syd-Amerika." *Korsets seir* el 1 de abril de 1914 p. 54.
Gunstad, Nils. "Fra Syd-Amerika." *Det gode Budskab* el 2 de febrero de 1926 p. 1.
Gunstad, Nils y Marie. "Fra missionærerne Gunstad." *Det gode Budskab* el 1 de diciembre de 1913 pp. 90-1.
Gustavsen, Anne. "Blir ordfører i Perenedalen. Liv Haug permitteres som misjonær." *Korsets seier* el 23 de febrero de 1996 p. 5.

Gustavsen, Anne. "De uskyldige ofrene er vår største smerte." *Korsets seier* el 30 de noviembre de 2001 pp. 10-1.

Gustavsen, Anne. "Nicaragua – PYMs nye misjonsfelt." *Korsets seier* el 27 de octubre de 1989 p. 5.

Gustavsen, Anne. "Pinsemisjonen." *Korsets seier* el 29 de septiembre de 2017 p. 4.

Gustavsen, Anne. "PYM-avtale med Gå Ut-senteret." *Korsets seier* el 4 de abril de 2008 p. 23.

Gustavsen, Anne. "Ukens portrett: Gunvor Iversen." *Korsets seier* el 19 de febrero de 1983 pp. 7, 15.

Gustavsen, Anne. "Unge vil trenes til å forandre." *Korsets seier* el 20 de julio de 2007 p. 19.

Gylthe, Ruth. *Frie fanger. Blant fanger og uteliggere på Puerto Rico* (Kvinesdal: Logos forlag, 1992).

Haaskjold, Reidun. "Gleder meg til å komme ut." *Det gode Budskap* el 20 de enero de 1977 p. 7.

Haaskjold, Reidun y Aage. "Nyheter fra misj. Haaskjold i Argentina." *Det gode Budskap* el 1 de marzo de 1971 pp. 10-1.

Haddal, Liv. "Da Gud møtte menigheten i Concepcion." *Korsets seier* el 27 de septiembre de 1975 p. 6.

Hadland, Asta. "Åpen dør for Guds ord i Atyra, Paraguay." *Korsets seier* el 2 de octubre de 1968 p. 8.

Hagen, Kjell. *Marit og Erling Andreassen: På spesialoppdrag i jungelen* (Oslo: Filadelfiaforlaget 1994).

Hagen, Kjell. "Startet nytt universitet i Bolivia." *Korsets seier* el 13 de enero de 2012 p. 22.

Hamre, Øyvind y Georg Surland-Hansen. "Nytt misjonsprosjekt i Paraguay." *Korsets seier* el 21 de diciembre de 1966 p. 12.

"Hanne Miriam y Tor Inge Andersen i Perus jungel." *Ekko. Korsets seiers utenriks- og misjonsmagasin* noviembre de 1986 p. 3.

Hansen, Arne Håkon. "Turid Dahl Stokland gir stafettpinnen videre i Brasil." *Det gode Budskap* no. 5 2018 pp. 16-7.

Hansen, Kaleb. "Argentina." *Korsets seier* el 2 de noviembre de 1935 p. 6.

Hansen, Kaleb. "Berger Johnsen – misjonær i 25 år." *Korsets seier* el 14 de septiembre de 1935 p. 5.

Hansen, Kaleb. "Fra Argentina." *Korsets seier* el 17 de agosto de 1935 p. 5.

Hansen, Kaleb. "Fra Paraguay." *Korsets seier* el 23 de enero de 1937 p. 6.

Hansen, Kaleb. "Fra Paraguay." *Korsets seier* el 5 de marzo de 1938 p. 6.

Hansen, Kaleb. "Paraguay." *Korsets seier* el 17 de septiembre de 1938 p. 6.

Haug, Håkon. "Unge misjonærer til Argentina." *Korsets seier* el 5 de febrero de 1972 p. 12.

Hauge, Signe. "Han ville ha flere i tale den kvelden." *Korsets seier* el 24 de junio de 1970 p. 5.

Hauge, Signe y Lisbeth Jensen. "Misjonærene møter store behov i Chile." *Korsets seier* el 11 de marzo de 1967 p. 12.
Haugstøl, Kjetil. "Med evangeliet til indianerne i Argentinas skoger." *Korsets seier* el 24 de octubre de 1970 p. 7.
Heggelund, Kristian. "Misjonær Jahn Sørheim 50 år." *Korsets seier* el 3 de diciembre de 1949 pp. 604-5.
Herrera, Lazaro y Ivar Vingren. "Argentinske predikanter sier sin mening om Ortiz." *Korsets seier* el 25 de junio de 1977 p. 12.
"Hjelp indianerne med lokalbygg i Tartagal!" *Korsets seier* el 4 de agosto de 1973 p. 6.
"Hjem etter første periode i Argentina." *Korsets seier* el 5 de enero de 1974 p. 2.
Hop-Hansen, Ane-Marthe. "Sendte ut misjonær – får pastor i retur." *Korsets seier* el 17 de febrero de 2017 p. 25.
"Hva er Ørebromisjonen?" *Det gode Budskap* el 10 de julio de 1961 p. 159.
"I dag har bevegelsen grupper mange steder i Paraguay." *Korsets seier* el 23 de enero de 1971 pp. 6-7.
Innvær, Reinert O. "Paraguay kaller på hjelp." *Korsets seier* el 6 de mayo de 1988 p. 20.
Iversen, Gunvor y Josef. "Hilsen fra Caacupé." *Korsets seier* el 24 de agosto de 1963 pp. 538-9.
Iversen, Gunvor y Josef. "Hilsen fra Paso Cadena, Paraguay." *Korsets seier* el 8 de septiembre de 1962 pp. 571-2.
Iversen, Gustav. "Fra Argentina." *Det gode Budskap* el 20 de mayo de 1953 p. 115.
Iversen, Josef. "Gud gjør under i Paraguay." *Korsets seier* el 23 de marzo de 1977 p. 16.
Iversen, Josef. "På avskjedsmøter i Brasil." *Korsets seier* el 9 de octubre de 1965 pp. 13-4.
Iversen, Paul. "Misjonsrøsten. En epoke i DFEF's misjonshistorie." *Det gode Budskap* 11-15 de junio de 1984 pp. 20-1.
Janøy, Jostein. "Nasjonaliseringen går videre i Paraguay." *Korsets seier* el 27 de febrero de 1987 p. 5.
"Japan, Thailand, Argentina og Chile får støtte til misjon." *Korsets seier* el 13 de enero de 1971 pp. 4-5.
Jensen, Finn. "Festdager i Embarcacion." *Korsets seier* el 10 de septiembre de 1969 p. 5.
Jensen, Finn. "Til Argentina." *Korsets seier* el 9 de junio de 1962 p. 359.
Jensen, Hanne-Berit. *Minner fra et helt liv* (Independientemente pub-licado, 2016).
Jensen, Hanne-Berit y Finn. "Avskjedsmøter i Paraguay." *Korsets seier* el 15 de octubre de 1966 p. 6.

Jensen, Hanne-Berit y Finn. "Bibelskolen i Cochabamba, Bolivia." *Korsets seier* el 25 de junio de 1980 p. 8.
Jensen, Hanne-Berit y Finn. "Frelsesmøter og dåp i Argentina." *Korsets seier* el 27 de julio de 1968 p. 12.
Jensen, Hanne-Berit y Finn. "Menighet dannet i Oran, Argentina." *Korsets seier* el 17 de noviembre de 1976 pp. 1, 15.
Jensen, Hanne-Berit y Finn. "Nye framstøt i Argentina." *Korsets seier* el 12 de marzo de 1966 p. 12.
Jensen, Hanne-Berit y Finn. "Nytt virke i Argentina." *Korsets seier* el 28 de diciembre de 1974 p. 6.
Jensen, Lisbeth. "'Hjemme igjen' i Chile." *Korsets seier* el 14 de febrero de 1970 p. 9.
Johannesen, Else. "Nasjonal ledelse av menigheten i San Pedro." *Korsets seier* el 7 de mayo de 1993 p. 15.
Johannesen, Else Palma. "Åpne dører i Salta, Argentina." *Korsets seier* el 21 de junio de 1991 pp. 10, 17.
Johansen, Gunvor. "Til Paraguay." *Korsets seier* el 7 de julio de 1956 p. 427.
Johansen, Oddvar. "Antall misjonærer på rekordlavt nivå." *Korsets seier* el 27 de octubre de 2006 p. 17.
Johansen, Oddvar. "Evangeliet må videre fra jungelen til storbyen." *Korsets seier* el 2 de febrero de 1996 p. 20.
Johansen, Oddvar. "Helge Adolfsen på IBRA-seminar." *Korsets seier* el 4 de octubre de 1985 p. 19.
Johansen, Oddvar. "Herre! Forbarm deg over vårt lidende folk." *Korsets seier* Navidad 1998 pp. 20-1.
Johansen, Oddvar. "Ja til ny struktur i PYM." *Korsets seier* Navidad 1996 p. 3.
Johansen, Oddvar. "Latin-Amerikakonferansen i Heddal med oppsiktsvekkende klar tale." *Korsets seier* el 25 de abril de 1997 p. 6.
Johansen, Oddvar. "Lever for å gi stammefolk i Mexico Guds ord." *Korsets seier* el 22 de octubre de 1999 p. 12.
Johansen, Oddvar. "Vår oppgave er menighetsbygging." *Korsets seier* el 13 de enero de 1995 p. 21.
Johnsen, Berger N. "Argentina." *Korsets seir* el 15 de julio de 1912 pp. 110-1.
Johnsen, Berger N. "Argentina." *Korsets seier* el 22 de agosto de 1936 p. 5.
Johnsen, Berger N. "Argentina." *Korsets seier* Pascua 1938 pp. 10-1.
Johnsen, Berger N. "Fra Argentina." *Det gode Budskab* el 15 de diciembre de 1910 pp. 95-6.
Johnsen, Berger N. "Fra Argentina." *Det gode Budskab* el 1 de agosto de 1917 p. 58.
Johnsen, Berger N. "Fra Argentina." *Det gode Budskab* el 15 de septiembre de 1936 p. 2.

Johnsen, Berger N. "Fra Sydamerika." *Det gode Budskab* el 1 de junio de 1911 p. 42.
"Jones, Klara Ellen." *Norsk Misjonsleksikon*. Vol. 2 (Stavanger: Nomi forlag – Runa forlag, 1966).
"Jones, Spencer Norman." *Norsk Misjonsleksikon*. Vol. 2 (Stavanger: Nomi forlag – Runa forlag, 1966).
"Juan Carlos Ortiz fra pinsebevegelsen til presbyterianerne." *Korsets seier* el 6 de agosto de 19993 p. 6.
Kastberg, Nils. "Juan Carlos Ortiz forandrer menighetslivet." *Korsets seier* el 25 de mayo de 1977 p. 2.
"Katolikkene i Latin-Amerika er ikke som de europeiske." *Korsets seier* el 27 de septiembre de 1996 p. 15.
Kihle, Ragnhild. *Mitt livs historie: Kallets tjeneste* (Horten: R. Kihle, 2015).
Kjeilen, Rolf. "På reise i Brasil 1985-4." *Det gode Budskap* el 1 de noviembre de 1985 pp. 10, 15-6.
Kjellås, Ruth. "En hilsen fra Paso Cadena, Paraguay." *Korsets seier* el 6 de diciembre de 1958 p. 779.
"Kommentarer." *Korsets seier* el 3 de mayo de 1978 pp. 7, 15.
Kornmo, Morgan. "Til Bolivia." *Korsets seier* el 20 de marzo de 1965 p. 6.
"KS i samtale med Anna Strømsrud om fortjenestemedalje og det daglige slit for en misjonær." *Korsets seier* el 23 de abril de 1975 pp. 5, 15
Küng, Andres. "Norsk pinsemisjon i Bolivia." *Korsets seier* el 16 de marzo de 1977 pp. 6-7.
Lange, Solveig Barratt. *T.B. Barratt. Et Herrens sendebud* (Oslo: Filadelfiaforlaget, 1962).
Larring, Kjell. "Jorunn og Lars Førland ble feiret. Misjonærer i 40 år." *Korsets seier* Navidad 2001 p. 31.
Larsen, Rudolf Leif. "Innvielse av skole i Curuguaty, Paraguay." *Korsets seier* el 17 de enero de 1986 p. 7.
Lie, Geir. "Apostler og aposteltjeneste i internasjonal pinsekristen-dom." *Refleks – med karismatisk kristendom i fokus* 1- 1 2002, pp. 3-11.
Lie, Geir. Conversación telefónica con Ole Bjørn Saltnes, el 28 de octubre de 2024.
Lie, Geir. *El pueblo de Dios a través de los siglos. Una narración selectiva* (Cleveland, TN: Cherohala Press, 2024).
Lie, Geir. Entrevista con Anita y Jan Bjarne Skrøvje, el 18 de noviembre de 2024.
Lie, Geir. Entrevista con Benjamin Jensen, el 8 de junio de 2024.
Lie, Geir. Entrevista con Gro y John Agersten, el 29 de octubre de 2024.
Lie, Geir. Entrevista con John Yngvar Jones, el 11 de noviembre de 2024.
Lie, Geir. Entrevista con Kjellaug Palma Sjølund, el 21 de noviembre de 2024.
Lie, Geir. Entrevista con Roar Eriksen, el 4 de abril de 2024.

Lie, Geir. Entrevista con Sara Jensen, el 7 de noviembre de 2024.

Lie, Geir. *Fra hellighetsbevegelse til karismatikk.* Bind 1 (Wyoming, MI: Akademia forlag, 2024).

Lie, Geir. "New Life Mission" en Geir Lie, ed., *Norsk pinsekristendom og karismatisk fornyelse. Ettbinds oppslagsverk* (Oslo: Refleks-Publishing, 2da. ed., 2008), p. 121.

Lie, Geir, ed., *Norsk pinsekristendom og karismatisk fornyelse. Ettbinds oppslagsverk* (Oslo: Refleks-Publishing, 2da. ed., 2008).

Lie, Geir. "Spansk- og portugisisktalende menigheter i Norge: En rapport" en Lemma Desta y Stian Sørlie Eriksen, ed., *Migrasjon og misjon: Refleksjon og praksis* (Oslo: Norges Kristne Råds Skriftserie – No. 24), pp. 59-69.

Lie, Gunn Elisabeth. "Misjonærsamling i Cochabamba." *Korsets seier* el 6 de marzo de 1987 p. 16.

Lie, Trygve. "Cubaneren Mario Fumero til Norge." *Korsets seier* el 26 de junio de 1971 p. 12.

Lindgren, Lennart. "En missionärsson berättar om sin kallelse." *Evangelii Härold* el 27 de julio de 1961 pp. 6-7.

L., O. "Berit og Torstein Tørre til ny periode i Bolivia." *Korsets seier* el 30 de junio de 1977 p. 2.

Losnegård, Magne. "Fest og glede i Salta." *Korsets seier* el 23 de mayo de 1997 p. 9.

Lunde, Deborah Selbekk. "PYM endrer navn." *Korsets seier* el 29 de septiembre de 2007 pp. 10-1.

Mangersnes, Frantz. "En hilsen fra Nord-Paraguay." *Korsets seier* el 13 de junio de 1959 pp. 377-9.

Mangersnes, Frantz. "Hilsen fra Formosa, Nord-Argentina." *Korsets Seier* el 23 de marzo de 1963 p. 187.

Mangersnes, Frantz. "Vel framme i Brasil." *Korsets seier* el 20 de enero de 1949 p. 28.

Mangersnes, Frantz y Per A. Pedersen. "Fra Brasils innland." *Korsets seier* el 11 de febrero de 1950 p. 90.

Manus, Max. *Sally Olsen: Fangenes engel i Puerto Rico* (Oslo: Luther forlag, 5a. imp., 1986).

Marciano, Kappaun, ed., *Da Suécia ao Brasil. Uma história missionária* (Campinas, Brasil: Convenção das Igrejas Batistas Independentes – CIBI, 2012).

Martinsson, Erik. "Intens IBRA-aktivitet på misjonsfeltene." *Korsets seier* el 3 de marzo de 1962 p. 131.

McGee, Gary B. *Miracles, Missions, & American Pentecostalism* (Mary-knoll, NY: Orbis Books, 2010).

"Med merkelapp på ryggen til postboks i Brasil." *Korsets seier* el 5 de noviembre de 1999 p. 32.

Meistad, Tore. *Methodism as a carrier of the Holiness tradition in Norway* (Alta: ALH-forskning, 1994:2).
Melbostad, Kirsti. "Fra Chile." *Det gode Budskab* el 1 de agosto de 1913 p. 60.
Menighetens utvikling i Nord- og Sør-Amerika (Tananger: Stiftelsen Skjulte Skatters Forlag, 2022).
Mentzen, Egil. *Jubileumsboken om Sarons Rose og Sally Olsen – "Fangenes engel" på Puerto Rico ... men Gud ga vekst* (Oslo: Nye Luther Forlag, 1987).
"Mexico." https://oks.no/mexico/ [Accesado el 24 de octubre de 2024].
"Miguel E. Ardiles: Misjonslege i Argentina." *Det gode Budskap* el 1 de febrero de 1990 pp. 10-1.
"Misjonærene May-Lise og Gunnar Standal flyttet til Brasils hovedstad, Brasilia." *Det gode Budskap* 10-20 de julio de 1976 p. 6.
"Misjonærer hilser." *Korsets seier* el 10 de enero de 1981 p. 14.
"Misjonærer i bilulykke." *Korsets seier* el 20 de septiembre de 1972 p. 1.
"Misjonærer fra Brasil." *Jesus mitt liv. DFEFs sommerstevne 10.-15. juli 2007 Åkrahallen, Karmøy* p. 3. Suplemento a *Det gode Budskap* no. 5 2007.
"Misjonærer til Honduras." *Korsets seier* el 2 de febrero de 1966 p. 4.
"Misjonærkontakt med Chile." *Det gode Budskap* el 1 de agosto de 1969 pp. 10-1.
"Misjonær Marit Moen." *Det gode Budskap* el 10 de noviembre de 1977 p. 8.
"Misjonen." *Korsets seier* el 14 de diciembre de 1974 p. 10.
Mitchell, Robert Bryant y Marietta Mitchell Smith. *Jennie and the Song of the Meadowlark* (Weaverville, CA: Isaiah Sixty One, 1988).
Mjåvatn, Helga. "Argentina." *Korsets seier* el 13 de julio de 1946 p. 446.
Mjåvatn, Helga. "Argentina." *Korsets seier* el 30 de abril de 1949 p. 187.
Mjåvatn, Helga. "Hilsen fra Argentina." *Korsets seier* el 12 de mayo de 1956 p. 298.
Moen, Marit. "Marit Moen vel fremme i Argentina." *Det gode Budskap* 10-20 de abril de 1973 p. 9.
Moen, Marit. "Misjonskandidat for Argentina." *Det gode Budskap* el 10 de noviembre de 1971 pp. 4-5.
Møller, Arvid. *Liv Haug. Norsk misjonær, ordfører og anleggsbas i Amazonas-jungelen* (Oslo: J.W. Cappelens Forlag A/S, 1987).
Mossberg, Hardy. "På langreise i Syd-Amerika." *Korsets seier* 5-12 de julio de 1952 pp. 335-6.
Mossberg, Hardy y Karin. "Hilsen fra Chile." *Korsets seier* el 20 de junio de 1948 p. 356.
Mossberg, Karin. *Ved foten av Andes-fjellene* (Oslo: Filadelfiaforlaget, 1962).
Mossberg, Karin y Hardy. "Guds ord har framgang i Chile." *Korsets seier* el 20 de enero de 1962 pp. 44-5.

Mossberg, Karin y Hardy. "Hilsen fra Chile." *Korsets Seier* el 19 de agosto de 1950 p. 520.

Mossberg, Karin y Hardy. "Hilsen fra Chile." *Korsets Seier* el 1 de septiembre de 1950 p. 419.

Mossberg, Karin y Hardy. "Til Chile på ny." *Korsets seier* el 2 de julio de 1955 pp. 426-7.

Mydland, Harald, ed., *Liv Margrethe Haug - misjonær og samfunnsbygger blant urbefolkningen i Peru* (Kjeller: Hermon forlag, 2021).

"Nicaragua: Menigheten mer enn fordoblet." *Misjonsbilag* p. 10 como suplemento a *Korsets seier* el 14 de mayo de 1993.

Nilsen, Oddvar, "Larsen, Severin" en Geir Lie, ed., *Norsk pinse-kristendom og karismatisk fornyelse. Ettbinds oppslagsverk* (Oslo: Refleks-Publishing, 2da. ed., 2008), pp. 97-8.

Nilsen, Oddvar. "Paraguay et av våre nyere misjonsfelt." *Korsets seier* el 21 de enero de 1970 p. 4.

Nilsen, Oddvar. "Til Brasil for tredje gang." *Korsets seier* el 5 de mayo de 1962 pp. 284-5.

Nilsen, Oddvar. *Ut i all verden. Pinsevennenes ytre misjon i 75 år* (Oslo: Filadelfiaforlaget, 1985).

Nordmo, Siman. "Det vokser i Brasil." *Det gode Budskap* el 15 de agosto de 1981 p. 11.

Nordmoen, Bergljot. "Fra Guarani-indianernes land, Paraguay." *Korsets seier* el 8 de abril de 1961 pp. 220-1.

Nordmoen, Bergljot. "Hilsen fra Paraguay, Sør-Amerikas hjerte." *Korsets seier* el 17 de octubre de 1953 pp. 650-1.

Nordmoen, Bergljot. "Opplevelser i Sør-Amerika." *Korsets seier* el 9 de junio de 1956 pp. 363-4.

"Norge er ikke lenger verdensmester i misjon." *Korsets seier* el 25 de julio de 1997 p. 24.

"Norges Frie Evangeliske Missionsforbund." *Korsets seir* el 1 de febrero de 1916 p. 21.

Norheim, Bergljot. "Arbeidet vokser blant indianerne i Paraguay." *Korsets seier* el 21 de enero de 1967 p. 12.

Norheim, Olav. "Til Paraguay." *Korsets seier* el 7 de diciembre de 1963 p. 774.

Norrmann, Evy. Entrevista con misionero Lennart Lindgren, el 30 de octubre de 1996. Asequible como pdf del Instituto de Estudios Pentecostales en Suecia.

Nupen, Helge. "Avvikler barnehjemmet." *Det gode Budskap* no. 2 2012 p. 30.

Nyborg, Geir Magnus. "Tragedier møtes med kjærlighet." *Ekko. Korsets seiers utenriks- og misjonsmagasin* febrero de 1988 p. 12.

"Nye misjonærer." *Korsets seier* el 26 de junio de 1965 p. 11.

"Nye misjonærer." *Korsets seier* el 1 de enero de 1966 p. 4.

"Nye misjonærer." *Korsets seier* el 19 de enero de 1977 p. 8.
"Nye misjonærer for Brasil." *Korsets seier* Pascua 1963 p. 222.
"Nye misjonærer til Bolivia." *Korsets seier* el 26 de octubre de 1968 p. 7.
"Nye misjonærer til Paraguay." *Korsets seier* el 10 de diciembre de 1966 p. 7.
"Nye misjonskandidater for Argentina." *Korsets seier* el 16 de marzo de 1968 p. 9.
"Nye regionssekretærer i PYM." *Korsets seier* el 11 de julio de 2008 p. 24.
"Ny menighet dannet i Argentina." *Korsets seier* el 21 de mayo de 1977 p. 2.
"Ny menighetsarbeider i Chile." *Korsets seier* el 31 de enero de 1976 p. 11.
"Ny misjonær." *Korsets seier* el 11 de febrero de 1961 p. 91.
"Ny misjonær." *Korsets seier* el 25 de febrero 1961 pp. 110-1.
"Ny misjonær." *Korsets seier* el 23 de noviembre de 1963 pp. 738-9.
"Ny misjonær." *Korsets seier* el 18 de octubre de 1967 p. 3.
"Ny misjonær til Argentina." *Korsets seier* el 8 de abril de 1967 p. 12.
"Ny misjonær til Argentina." *Korsets seier* el 23 de septiembre de 1972 p. 4.
"Ny misjonær til Bolivia." *Korsets seier* el 23 de marzo de 1966 p. 2.
"Ny misjonær til Bolivia." *Korsets seier* el 10 de septiembre de 1966 p. 4.
"Ny misjonær til Chile." *Korsets seier* el 22 de noviembre de 1972 p. 5.
"Ny norsk skole i Argentina." *Korsets seier* el 17 de noviembre de 1989 p. 9.
Nyseter, Gustav. *Jordens ytterste ender. En virkelighetsskildring fra et mangeårig opphold i Beringstredet* (Kvinesdal: Kvina Trykk, 1976).
Olsen, Bjørn S. "100-års misjonsjubileum i Brasil." *Det gode Budskap* no. 3 2012 p. 31.
Olsen, Bjørn S. "DFEF har satt fotspor i Brasil." *Det gode Budskap* no. 3 2012 pp. 32-3.
Olsen, Bjørn S. "Eventyret i Amazonas." *Det gode Budskap* no. 4 2017 pp. 2-3.
Opheim, Gunnvald. "40 år i misjonens tjeneste." *Korsets seier* el 7 de diciembre de 1966 p. 4.
Opheim, Julie-Marie y Gunnvald. "Hilsen fra Salta, Argentina." *Korsets seier* el 23 de mayo de 1959 pp. 328-9.
Opheim, Julie-Marie y Gunnvald. "Misjonen tar radioen i bruk i Nord-Argentina." *Korsets seier* el 3 de enero de 1968 pp. 3, 6.
Opsahl, Kari. "Jesu befaling er å lære dem." *Korsets seier* el 6 de mayo de 1972 p. 7.
Østbye, Knut. "Takk, Turid!" *Det gode Budskap* no. 1 1998 p. 22.
"Our history." *https://www.team.org/ourstory#:~:text=TEAM%20began%20under%20the%20name,East%20Africa%2C%20Swaziland%20and%20Mongolia* [Accesado el 15 de marzo de 2024].
Øvrum, Ingjerd. "Blant skogens indianere lyder evangeliet." *Korsets seier* el 6 de marzo de 1968 p. 8.

Øya, Martha y Helge Magne. "Framsteg i Argentina." *Korsets seier* el 1 de septiembre de 1976 p. 7.
"På besøk i Argentina." *Korsets seier* el 13 de enero de 1973 p. 2.
"Paraguay." *Korsets seier* el 12 de marzo de 1999 p. 11.
Pedersen, Palma y Per A. "Hilsen fra Sør-Amerika." *Korsets seier* el 15 de marzo de 1952 pp. 130-1.
Pedersen, Per A. *Blant indianere i Chaco* (Oslo: Filadelfiaforlaget, 1972).
"Peru: Flodevangelisering og bibelmaraton" *Misjonsbilag* p. 10 como suplemento a *Korsets seier* el 14 de mayo de 1993.
Pettersen, Gottfred Leonard. *Blant folkeslag i Sør-Amerika. Misjons- og reiseskildringer* (Oslo: Filadelfiaforlaget, 1947).
Pettersen, Gottfred Leonard "Bolivia." *Korsets seier* el 11 de abril de 1953 pp. 234-5.
Pettersen, Gottfred Leonard. "Brasil – Sør-Amerika." *Korsets seier* el 2 de enero de 1954 p. 11.
Pettersen, Gottfred Leonard. "En del glimt fra misjonsarbeidet i Brasil." *Korsets seier* el 17 de febrero de 1951 p. 82.
Pettersen, Gottfred Leonard. "En del glimt fra misjonsarbeidet i Brasil." *Korsets seier* el 3 de marzo de 1951 p. 105.
Pettersen, Gottfred Leonard. "Glimt fra et nytt misjonsfelt i Sør-Amerika." *Korsets seier* el 20 de noviembre de 1965 p. 7.
Pettersen, Gottfred Leonard. "Norsk pinsemisjon representert i 7 land: Sterk utvikling i Latin-Amerika." *Korsets seier* el 25 de julio de 1970 p. 8.
Pettersen, Gottfred Leonard. "Nye misjonærer til Brasil." *Korsets seier* el 18 de noviembre de 1961 p. 728.
Pettersen, Gottfred Leonard. *Pinse over grensene* (Oslo: Filadelfia-forlaget, 1989).
Pettersen, Gottfred Leonard. "Utsendermenighet for misjonærene Spjøtvold." *Korsets seier* el 14 de diciembre de 1966 p. 15.
Pettersen, Ragna y Gottfred Leonard, "Hjemme igjen fra Brasil." *Korsets seier* el 13 de octubre de 1945 pp. 395-6.
Pinsemisjon i 100 år (Oslo: De norske pinsemenigheters ytremisjon, 2010).
"Pinsevennenes Ytre Misjons prosjekter ved Aksjon Håp." *Korsets seier* el 25 de junio de 1980 p. 8.
"Pionerarbeid i Argentina." *Korsets seier* el 31 de mayo 1959 p. 9.
Reite, Jarle. "Guds kraft forandrar indianarane." *Korsets seier* el 22 de septiembre de 1971 pp. 4-5.
Rike, Tarald. *Blyfoten. Historien om misjonær Leif Andersen* (Hovet: Hermon Forlag, 1993).
Ringås, Tore Bjørn. "Jeg kunne ha nøyd meg med å strikke sokker for misjonen." *Korsets seier* el 13 de febrero de 2004 pp. 12-3.
Ritse, Erling. "Fra Sør-Amerika." *Korsets seier* el 8 de noviembre de 1952 p. 541.

Robeck, Cecil M. *The Azusa Street Mission & Revival. The Birth of the Global Pentecostal Movement* (Nashville, TN: Nelson Reference & Electronic, 2006).
Rodgers, Darrin J. *Northern Harvest: Pentecostalism in North Dakota* (Bismarck, ND: North Dakota District Council of the Assemblies of God, 2003).
Rodli, Agnes. *Strait gate. A norse saga: Mission to the Diomede islands in the 1920's* (Enumclaw, WA: WinePress Publishing, 1999).
Rosten, Lasse. "Vekst og behov i Nicaragua." *Korsets seier* el 28 de otubre de 2005 pp. 12-3.
Ruud, Kjell. "30 år i Herrens tjeneste." *Korsets seier* el 1 de septiembre de 1956 p. 533
Saltnes, Ole Bjørn. *Som et stormvær. En bok om Maran Ata vekkelsen* (Tofte: Misjon Europa Forlag, 2017).
Samuelsen, Solveig. "Årskonferanse for nordiske pinsemisjonærer i Bolivia." *Korsets seier* el 20 de febrero de 1982 p. 9.
Samuelsen, Solveig. Comentarios y correcciones a una versión anterior del manuscrito de este libro.
Samuelsen, Solveig. "Feltkonferanse for PYMs misjonærer i Bolivia." *Korsets seier* el 24 de noviembre de 1976 pp. 9, 15.
Samuelsen, Solveig. "Internasjonal familie fra Halden til Honduras." *Korsets seier* el 12 de noviembre de 1975 p. 11.
Samuelsen, Solveig. "Levende menighet i vekst i La Paz." *Korsets seier* el 30 de septiembre de 1994 p. 12.
Samuelsen, Solveig. "Lisbeth og Mario Fumero." Manuscrito no publicado, septiembre de 2024.
Samuelsen, Solveig. "Med misjon som livsstil." *Korsets seier* el 22 de septiembre de 2006 p. 30.
Samuelsen, Solveig. "'Pinsevennenes evangeliske grunnskole' i Gonzalo Moreno, Bolivia fyller 15 år." *Korsets seier* el 13 de abril de 1977 p. 11.
Samuelsen, Solveig y Roger. "Tilbake til Bolivia igjen." *Korsets seier* el 9 de enero de 1998 p. 11.
Sandli, Birger. "Avskjed for Martha og Helge Magne Øya i Argen-tina." *Korsets seier* el 15 de octubre de 1980 p. 14.
Sandli, Britt y Birger. "En trofast Herrens tjener legger årene inn." *Korsets seier* el 15 de octubre de 1983 pp. 14-5.
Sandli, Britt y Birger. "Vekkelsesrapporten fra Ing. Juarez." *Ekko. Korsets seiers utenriks- og misjonsmagasin* mayo de 1987 p. 4.
Sandli, Elisabeth y Roberto. "Nye misjonærer til Guatemala." *Korsets seier* el 14 de abril de 2000 p. 28.
Saracco, J. Norberto. "Argentine Pentecostalism: Historical Roots, Current Developments, and Challenges for the Future" en Vinson Synan, Amos Yong y Miguel Álvarez, eds, *Global Renewal Christianity. Volume 2: Latin America* (Lake Mary, FL: Charisma House, 2016).

Schjander, Fredrik. *I samtale med Håkon Haug: Mitt liv i tjeneste* (Oslo: Filadelfiaforlaget, 1988).
Schølberg, Oddvar. *Med Bibel og moped i Paraguyays jungel. Et møte med pionermisjonæren Anna fra Løten* (Oslo: Ibra Media Norge, 2008).
Sjølund, Kjellaug Palma. "Ambulerende bibelskole." *Korsets seier* el 17 de marzo de 1989 p. 13.
Ski, Martin. *Fram til urkristendommen. Pinsebevegelsen gjennom 50 år.* Vol. 1 en una serie de tres volumenes (Oslo: Filadelfiaforlaget, 1956).
S., M. "Hjem fra Peru." *Korsets seier* el 12 de noviembre de 1975 p. 11.
Søderberg, Gustav. "Underhold av misjonær Erling Andresen, Argentina." *Korsets seier* el 22 de octubre de 1932 p. 5.
Søderberg, Gustav. "Vedrørende misjonær Erling Andresens underhold." *Korsets seier* el 28 de enero de 1933 p. 6.
Solvoll, Oddwin. "Eva og Geirr Standal klare for utreise til Brasil." *Det gode Budskap* no. 2 2012 p. 31.
Solvoll, Oddwin. "Menigheten begynte i stuen." *Det gode Budskap* no. 1 2015 p. 22.
Solvoll, "Misjonsmøte ble frelsesmøte med barnevelsignelse." *Det gode Budskap* no. 1 2015 p. 23.
Solvoll, Oddwin. "Misjonsmøte torsdag." *Det gode Budskap* no. 7 2017 pp. 20-1.
Solvoll, "Misjonær Ragnhild Kihle har skrevet sin selvbiografi." *Det gode Budskap* abril de 2016 pp. 30-1.
Solvoll, Oddwin. "Misjonær Ragnhild Kihle: Pensjonist og kirke-bygger." *Det gode Budskap* no. 1 2014 pp. 24-5.
Solvoll, Oddwin. "Tredjegenerasjons indianerpastor." *Korsets seier* el 5 de marzo de 2010 p. 22.
"Sør-Amerika – feltet med 30% av våre misjonærer." *Korsets seier* el 12 de abril de 1980 p. 1.
"Sør Amerika-konferansen." *Korsets seier* el 9 de marzo de 1946 pp. 157-8.
"Sør-Amerika-konferansen i Halden." *Korsets seier* el 9 de junio de 1951 pp. 275-6.
"Sør-Amerika-konferansen i Lillestrøm." *Korsets seier* el 16 de noviembre de 1946 pp. 739-40.
"Sør-Amerikakonferansen i Sarpsborg viser framgang." *Korsets seier* el 2 de junio de 1976 pp. 20, 19.
Sørensen, Sten. "Pensjonister hjelper gatebarn i Argentina." *Det gode Budskap* el 15 de abril de 1991 p. 9.
Sørensen, Sten. "Æresborger av Mogi das Cruzes." *Det gode Budskap* no. 6 2017 pp. 26-7.
"Sørheim, Anna" en *Norsk misjonsleksikon.* Vol. 3 (Stavanger: Nomi forlag – Runa forlag, 1967), p. 883.

"Sørheim, Jahn" en *Norsk misjonsleksikon*. Vol. 3 (Stavanger: Nomi forlag – Runa forlag, 1967), p. 883.
Sørheim, John. "Fra Brasilien." *Korsets seir* el 20 de octubre de 1925 p. 7.
Sørheim, John. "Kjære Korsets Seir's læsere." *Korsets seir* el 17 de marzo de 1928 p. 6.
Søvde, Anne Lise. "Toleranse og misjon." *Korsets seier* el 11 de enero de 2013 p. 7.
Spjøtvold, Henry William. "Besøk på en utpost i Argentina." *Korsets seier* el 11 de diciembre de 1965 p. 10.
Spjøtvold, Henry William. "Karismatisk vekkelse i Argentina: Stort behov for undervisning." *Korsets seier* el 13 de enero de 1971 pp. 6-7.
Spjøtvold, Henry William. "Vekkelsens vinder blåser i Argentina." *Korsets seier* el 13 de mayo de 1967 p. 12.
Staalstrøm, Bjarne. "Nye misjonskandidater for Argentina." *Det gode Budskap* el 10 de septiembre de 1965 pp. 3-4.
Standal, Geirr. "Rektor for voksende bibelskole!" *Det gode Budskap* no. 3 2006 pp. 34-5.
Standal, Gunnar. "Avskjedsmøter og fest på floden i Brasil." *Det gode Budskap* 10-20 de febrero de 1973 p. 6.
Standal, May-Lise y Gunnar. "Framgang og vekst for arbeidet i Recife." *Det gode Budskap* no. 14 1998 pp. 18-9.
Standal, May-Lise y Gunnar. "Glimt fra misjonsarbeidet i Brasilia." *Det gode Budskap* el 10 de junio de 1979 p. 1.
Standal, May-Lise y Gunnar. "I Brasils hjerte - 'Brasilia'." *Det gode Budskap* el 10 de mayo de 1976 pp. 6-7.
Standal, May-Lise y Gunnar. "Nytt misjonsfelt i Brasil." *Det gode Budskap* el 15 de enero 1992 p. 13.
Standal, May-Lise y Gunnar. "Takk til vennene fra misj. Standal og frue" *Det gode Budskap* 10-20 de diciembre de 1969 p. 10.
Stø, Helge. "Avskjed og velkomst i Gonzalo Moreno, Bolivia." *Korsets seier* 11-15 de enero de 1967 p. 7.
Stokes, Louie W. *Historia del Movimiento Pentecostal en la Argentina* (Buenos Aires, Argentina: La autora [n.d.]).
"Store beløp til Latin-Amerika." *Korsets seier* el 27 de septiembre de 1996 p. 16.
"Store forandringer i Pinsevennenes Ytre Misjon." *Korsets seier* el 4 de octubre de 1996 p. 4.
"Stort behov for nytt lokale i Aguaray, Argentina." *Korsets seier* el 15 de febrero de 1978 p. 6.
Strømsrud, Anna. "Bibelskolestart i Paraguay." *Korsets seier* el 28 de abril de 1989 p. 1.
Strømsrud, "Indianere får høre evangeliet for første gang." *Korsets seier* el 21 de octubre de 1967 p. 12.

Strømsrud, Anna. "Radioarbeid på tale i Paraguay." *Korsets seier* el 16 de febrero de 1972 pp. 1, 8.

Stuksrud, Hilde. "Misjonærbarn i Atyra: Vi trives bedre i Sør-Amerika enn i Norge." *Korsets seier* el 12 de abril de 1980 p. 9.

Stuksrud, Ingrid. "Norsk skole på misjonsmarken." *Korsets seier* el 23 de febrero de 1974 p. 8.

Sundal, Norvald. "Nye misjonærer til Bolivia." *Korsets seier* el 6 de mayo de 1964 pp. 201-2.

Surland-Hansen, Georg. "Anbefaling." *Korsets seier* el 2 de diciembre de 1961 p. 763.

Svartdahl, Hans. "Agronom på Eben-Ezer, Paraguay." *Korsets seier* el 8 de septiembre de 1976 p. 2.

Svartdahl, Hans. "Betel bibelinstitutt i Argentina." *Korsets seier* el 12 de junio de 1987 pp. 5, 21.

Svartdahl, Hans. "Nasjonale overtar oppgaver i Paraguay." *Korsets seier* el 21 de agosto de 1987 p. 8.

Svendsen, Leif Frode. "Geirr Standal står i en rik tjeneste!" *Det gode Budskap* el 1 de junio de 2001 pp. 18-20.

Svendsen, Leif Frode. "Ingen kan hjelpe alle, men alle kan hjelpe noen." *Det gode Budskap* no. 6 2007 pp. 32-3.

Svendsen, Leif Frode. "Møtesal med plass til 600 stoler." *Det gode Budskap* no. 11 2004 p. 33.

Svendsen, Leif Frode. "Vunnet for Jesus av de 'norske' – i dag vinner de tusener for Jesus." *Det gode Budskap* no. 6 2010 pp. 8-9.

"Syd-Amerika." *Korsets seir* el 15 de noviembre de 1913 pp. 174-5.

"Syd-Amerika." *Korsets seir* el 15 de marzo de 1915 p. 47.

Synan, Vinson, Amos Yong y Miguel Álvarez, eds., *Global Renewal Christianity: Spirit Empowered Movements. Past, Present, and Future*. Vol 2: *Latin America* (Lake Mary, FL: Creation House, 2016).

Talaasen, Per G. "Mangeårig misjonskasserer trekker seg tilbake." *Korsets seier* el 8 de enero de 1972 p. 7.

Tangen, Kjell. "Åpning av Misjonsskole i Cordoba." *Det gode Budskap* el 15 de mayo de 2003 pp. 36-7.

Thoresen, Thor J. "Barnearbeidet - åpen dør til hjemmene." *Korsets seier* el 13 de agosto de 1975 p. 2.

Thoresen, Thor J. "Blant incaindianernes ætlinger." *Korsets seier* el 16 de octubre de 1968 p. 4.

Thoresen, Thor J. "De frie pinsemenigheter i Chile." *Korsets seier* el 18 de diciembre de 1968 p. 5.

Thoresen, Thor J. "Sentralisering av vårt radioarbeid i Sør-Amerika." *Korsets seier* el 30 de junio de 1973 p. 9.

Thoresen, Thor J. *Talende tårn* (Oslo: Filadelfiaforlaget, 1980).

"Thorleif Overhalden med familie til Paraguay." *Korsets seier* el 21 de julio de 1973 p. 2.
"Til Argentina." *Korsets seier* el 19 de octubre de 1946 pp. 674, 678.
"Til Argentina." *Korsets seier* el 19 de enero de 1964 p. 37.
"Til Argentina." *Korsets seier* el 28 de julio – el 4 de agosto 1956 pp. 474-5.
"Til Argentina." *Korsets seier* el 2 de julio de 1977 p. 2.
"Til Bolivia." *Korsets seier* el 7 de septiembre de 1963 pp. 567-8.
"Til Bolivia." *Korsets seier* el 7 de marzo de 1964 pp. 156-7.
"Til Bolivia." *Korsets seier* el 18 de abril de 1964 p. 213.
"Til Bolivia." *Korsets seier* el 26 de septiembre de 1964 p. 627.
"Til Bolivia." *Korsets seier* el 11 de diciembre de 1965 p. 9.
"Til Brasil." *Korsets seier* el 27 de julio de 1946 p. 481.
"Til Brasil." *Korsets seier* el 1 de febrero de 1947 pp. 73-4.
"Til Brasil." *Korsets seier* el 20 de junio de 1948 pp. 355-6.
"Til Brasil." *Korsets seier* el 16 de febrero de 1963 p. 104.
"Til Norge etter 4 år i Brasil." *Det gode Budskap* el 20 de agosto y el 1 de septiembre de 1979 p. 12.
"Til Sør-Amerika." *Korsets seier* el 10 de noviembre de 1956 pp. 697-8.
Tollefsen, Gunnerius. "Misjonsnytt." *Korsets seier* el 30 de noviembre de 1948 p. 611.
Tollefsen, Gunnerius. "Misjonsnytt." *Korsets seier* el 2 de mayo de 1953 p. 283.
Tolås, Kjell Arve. "Glimt fra turen til Argentina." *Det gode Budskap* el 1 de mayo de 1997 pp. 10-2.
Torp, Jan-Aage. "'Gode nyheter' i fattigkvarteret." *Korsets seier* el 26 de enero de 1983 p. 12.
Tørre, Berit y Torstein. "Misjonsarbeidet i Bolivia: Folkeskolen åpnet vei." *Korsets seier* el 24 de marzo de 1971 pp. 3, 6.
Trannum, Ivar. "Ung styrmann fra Hvaler med sin svenskfødte hustru pionermisjonær i Bolivia." *Korsets seier* el 27 de mayo de 1961 pp. 336-7.
"Tribute to our founders." Folleto, publicado por Open Bible Church en San Fernando, Trinidad [n.d.].
"Turid + Karl = Sant!" *Det gode Budskap* no. 2 2006 p. 48.
"Turid og Jakob utvider i Sao Paolo." *Det gode Budskap* no. 11 2004 pp. 32-3.
"Turid Sneve – ny misjonskandidat." *Det gode Budskap* el 20 de junio de 1976 p. 4.
"Tusener lytter til evangeliske radioprogram i Chile." *Korsets seier* el 17 de octubre de 1964 p. 23.
Tveito, Ingebjørg. "Misjonærene i Paraguay trenger hjelp." *Korsets seier* el 31 de enero de 1968 p. 8.
Twetan, Arnt. "Vekkelsen i Argentina." *Det gode Budskap* el 20 de abril de 1955 p. 90.

Twetan, "Vekkelsen i Argentina." *Det gode Budskap* el 1 de mayo de 1955 pp. 101, 104.

"Unge søker Gud i det urolige Nicaragua." *Korsets Seier* el 6 de noviembre de 1987 p. 5.

"Ut med evangeliet." *Korsets seier* el 14 de diciembre de 1966 p. 16.

Van Cleave, Nathaniel M. *The Vine and the Branches. A History of the International Church of the Foursquare Gospel* (Los Ángeles, CA: International Church of the Foursquare Gospel, 1992).

"Våre misjonærer." *Korsets seier* el 7 de septiembre de 1963 p. 570.

"Våre misjonærer." *Korsets seier* el 12 de octubre de 1963 p. 652.

"Våre misjonærer." *Korsets seier* el 13 de marzo de 1965 p. 6.

Vedøy, Sverre. "Historisk dag i Argentina." *Det gode Budskap* el 15 de abril de 1993 p. 8.

"Vel framkomne i Paraguay." *Korsets seier* el 9 de enero de 1971 p. 9.

Vestvik, Einar. *Gud skal ha æren. Olaug og Berner Solås* (Veavågen: Den frie evangeliske forsamling Klippen, 2016).

Vestvik, Einar. "Møtet med folk og kultur i Bolivia sjokkartet." *Korsets seier* el 17 de febrero de 1982 p. 9.

Viumdal, Andreas. "Førstegrøden som ble pastor." *Korsets seier* el 18 de junio de 2004 pp. 16-7.

Viumdal, Jan-Kristian. "Hele Bolivia skal dekkes med kristne radioprogram!" *Korsets seier* el 17 de mayo de 1980 p. 6.

Waern, Claes. "Bibelskolen i Bolivia har en positiv utvikling." *Korsets seier* el 3 de junio de 1981 p. 12.

Waern, Claes y Solveig Samuelsen, "SIDA satser 5 millioner på skoleprosjekt i Bolivia." *Korsets seier* el 11 de julio de 1981 p. 8.

Walker, Luisa Jeter de. *Siembra y cosecha. Las Asambleas de Dios de México y Centroamérica.* Vol. 1 (Deerfield, FL: Editorial Vida, 1990).

Western, Halvor. "Fra Jevnaker til Chile – historien om misjonæren Nils Gunstad." *Årbok for Hadeland*, Vol. 40 (2007), pp. 66-72.

Westgård, Peder. "Effektivt radioarbeid i Honduras." *Korsets seier* el 7 de enero de 1978 pp. 1, 15.

Wilhelm, Eva y Rudolf. "Det bygges i Honduras." *Korsets seier* el 16 de agosto de 1969 p. 6.

Wilhelm, Eva y Rudolf. "Høytidsdager i Honduras." *Korsets seier* el 28 de enero de 1970 p. 5.

Wilhelmsen, Jean. *Trails through Trinidad* (Los Ángeles, CA: The Go Ye Fellowship Inc., 2da. imp., 1973).

"Wilhelmsen, Kåre." *Norsk Misjonsleksikon.* Vol. 3 (Stavanger: Nomi forlag – Runa forlag, 1967).

Wingeler-Rayo, Philip. "A Third Phase of Christianity: reflections on One Hundred Years of Pentecostalism in Mexico" en Vinson Synan, Amos Yong y Miguel Álvarez, eds., *Global Renewal Christianity: Spirit Empowered*

Movements. Past, Present, and Future. Vol 2: *Latin America* (Lake Mary, FL: Creation House, 2016), pp. 7-11.

Ystebø, Asle. "200 misjonærer klare til utreise nå." *Korsets seier* el 17 de agosto de 2007 pp. 16-7.

Misioneros

Aardalen, Gerda-Lillian (1930-2016). A Brasil en 1959 y luego a Bolivia en 1965, y de allí Paraguay. Iglesia enviadora: Betania, Notodden.

Aas, Ivar (1936-2021) y Liv (1936-1985), apellido de soltera Bekke-lund. Primera vez a Bolivia en 1964. Las iglesias enviadoras de Ivar fueron Filadelfia, Gjøvik y Betania, Tønsberg mientras que Liv fue enviada por Filadelfia, Gjøvik. Liv murió en un accidente automovilístico en Bolivia en 1985. Posteriormente, Ivar se casó con Astrid Tveter, que era viuda y había trabajado como misionera en Kenia con su marido Arne. Ivar y Astrid trabajaron juntos unos meses en Bolivia y muchos años en España.

Aateigen, Edith (1942-2010). A Perú en 1969. Iglesia enviadora: Filadelfia, Kristiansand.

Abrahamsen, Alf Viggo (n. 1955). A Brasil bajo los auspicios de *New Life Mission* en 1987. Allí fundó la organización *Vida Nova* en Mogi das Cruzes con un enfoque en el trabajo entre los niños de la calle.

Abrahamsen, Janni (1929-2016). Primera visita a Brasil en 1991 pero regresó para una estadía más larga en 1993. No tenía iglesia enviadora, pero formaba parte de la organización *Vida Nova*, fundada por su hijo Alf Viggo.

Adolfsen, Eva Marie (n. en Stavanger en 1945), apellido de soltera Steiner y Helge (n. en Hvaler 1946). Helge fue a Bolivia por primera vez en 1968, mientras que Eva lo hizo al año siguiente. Se casaron en Bolivia en 1971. Iglesia enviadora de Eva Marie: Salen, Ullerøy. Iglesia enviadora de Helge: Salen, Halden.

Agersten, Gro (n. en Oslo en 1944), apellido de soltera Spangebu y John Herbert (n. en Bollnäs, Suecia 1940). Fueron a Perú por primera vez en 1966. Iglesia enviadora: Salem, Oslo. Vivieron en Cuba durante 2003-2006.

Alegre, Ariel (n. 1984) y Rakel Ystebø Alegre (n. 1984). Enviados a Argentina en 2023. Iglesia enviadora: Tabernaklet, Bergen.

Andersen, Hanne Miriam (n. 1961), apellido de soltera Innvær y Tor Inge (n. 1955). Tor Inge tuvo una estancia misional de seis meses en Perú antes de casarse con Hanne Miriam en 1984. Viajaron juntos a Perú en 1985 y trabajaron allí hasta 1988. En el período 1990-1998 trabajaron en Nicaragua y estuvieron en España del 2002 al 2006. La iglesia enviadora de Hanne Miriam fue Tabernaklet, Haugesund, mientras que Tor Inge fue enviado desde Filadelfia, Kristiansand.

Andersen, Leif Gunnar (1916-2006) y Olaug Marie (1918-2017), apellido de soltera Ludvigsen. Primera vez a Brasil en 1949. También han sido misioneros en Portugal, incluyendo Madeira. Iglesia enviadora: Salem, Oslo.

Andreassen, Erling (1931-2007) y Inger Marita (1933-2024). Inger Marita nació en Borås, Suecia, con el apellido de soltera Düring. Primera vez a Bolivia en 1957. Iglesia enviadora: Salen, Ullerøy.

Andresen, Alvina (1898-1980), n. en Austrheim y Erling Samuel (1902-81), n. en Oslo. Primera vez a Argentina en 1925. Iglesia enviadora: Filadelfia, Sarpsborg.

Andresen, Alice (n. en 1933) y Per (1932-2017), enviados bajo los auspicios de las Asambleas Evangélicas Libres a Brasil en 1962. Iglesia enviadora: Logen, Moss.

Arca, Hanne Carina (n. en 1972) y Victor (n. en 1970 en Paraguay). Hanne Carina es hija de Finn y Hanne-Berit Jensen. A Paraguay en 1993. Iglesia enviadora: Betania, Notodden.

Ardiles, Miguel (n. en 1955) y Turid (n. en 1949), apellido de soltera Sneve. Enviados formalmente juntos bajo los auspicios de las Asambleas Evangélicas Libres a Argentina en 1990. Iglesia enviadora: Salem, Mandal. Turid, sin embargo, había sido enviada anteriormente ya en 1976.

Asplund, Kitty (1938-2023), apellido de soltera Skaug y Knut Egil (1935-2018). Primera vez a Paraguay en 1973. Iglesia enviadora: Betania, Rakkestad. Durante 1995-1998 Salen, Halden fue su iglesia enviadora.

Axell, David Anders (n. en 1968) y Elisabeth (n. en 1970). Elisabeth es hija de Brith-Lajla y Rudolf Leif Larsen. A Brasil en 1995. Han estado también en Paraguay y Mozambique. Iglesia enviadora: Betania, Larvik.

Bakke, Arne Eilif Sverre (n. en Lenvik 1941 y Aud (n. en Olderdalen 1940), apellido de soltera Ballovarre. Aud fue enviada a Argentina en 1974 por Filadelfia, Hammerfest. Arne fue enviado en 1977 por Filadelfia, Tromsø.

Bauge, Laila (n. en Auklandshamn 1955), apellido de soltera Jacobsen y Oddvar (n. en Bremnes 1952. A Bolivia en 1979. Iglesia enviadora: Filadelfia, Auklandshamn.

Bauge, Robert (n. en 1976) y Åshild (n. en 1978). A Bolivia en 2003. Iglesia enviadora: Filadelfia, Auklandshamn.

Bergli, Ågot (n. en Mo i Rana en 1946). A Perú en 1981. Iglesia enviadora: Filadelfia, Mo. En 2003 defendió su tesis doctoral en NTNU en Trondheim, en la que analizó textos de dos lenguas quechuas peruanas.

Bjervøy, Lisbeth Østmo (n. en Rjukan en 1958). A Paraguay en 1983. Iglesia enviadora: Filadelfia, Rjukan.

Bjørfjell, Ada Johanne (n. en 1939), apellido de soltera Bjørstad y Jan Fred Olsen (1939-2013). Finalmente adoptaron Bjørfjell como apellido. Ada fue a Bolivia por primera vez en 1961 enviada por Filadelfia, Tromsø. Jan fue enviado en 1965 por Tabernaklet, Skien.

Bjørnevoll, Inge (n. en Lindås en 1944) e Inger Johanne (1944-2021), n. en Fana, apellido de soltera Strøm. Primera vez a Paraguay en 1970. Iglesia enviadora: Tabernaklet, Bergen.

Blindheim, Jorid (n. en 1960). A Paraguay en 1989 como maestra en la escuela noruega. Iglesia enviadora: Saron, Sandefjord.

Bølum Kjørstad, Camilla (n. en 1980) y Thomas (n. en 1980). A Paraguay en 2016. Iglesia enviadora: Betel, Trondheim.

Børjesson, Eldbjørg (n. en Rjukan en 1956) y Vidar (n. en Rjukan en 1954). A Paraguay como padres del internado en la escuela noruega en 1982. Enviados por *PYM*.

Brænne, Henny Marie Rasmussen (n. en 1951). Primera vez a Paraguay en 1979. Iglesia enviadora: Betania Notodden.

Bu, May Britt (n. en 1976) and y Tom Georg (n. en 1973). Tom Georg fue a Paraguay en 1997 y May Britt en 2001. Iglesia enviadora: Tabernaklet, Bergen.

Bullen, Vidar (n. en 1962). A Argentina en 1988. Iglesia enviadora: Betania, Berger.

Byberg, Arnt Rune (n. en 1961) y Liv (n. en 1962). A Paraguay en 1999. Iglesia enviadora: Evangeliehuset, Egersund.

Byberg, Liv (n. en 1960). Primera vez a Paraguay en 1985. Iglesia enviadora: Klippen, Jørpeland.

Byberg, Oddmar (n. en Sola en 1935) y Sigrunn (n. en 1935). Primera vez a Brasil en 1964, luego Paraguay. Iglesia enviadora: Klippen, Sandnes.

Bye, Gerd (1937-2011), apellido de soltera Myhre y Tom Levi (1929-2006). A Chile en 1963. Iglesia enviadora: Filadelfia, Kristiansand.

Cueto, Øyvor (n. en Nannestad en 1939), apellido de soltera Skjennum. A Perú en 1976. Iglesia enviadora: Betania, Bjerke.

Dahl, Daniel (1931-2019) y Tordis (1933-2016). Enviados bajo los auspicios de las Asambleas Evangélicas Libres a Argentina en 1966. Iglesia enviadora: Klippen, Veavågen.

de Jong, Martha (1946-2023), n. en Rotterdam, Holanda. A Perú en 1978. Iglesia enviadora: Filadelfia, Alta.

Delgado, Oscar (n. en 1960). Paraguayo, casado con Aina Førland en 1984. Enviado como misionero a la ciudad de Paraguay por Salem, Lørenskog en 1986.

Draganchuk, Evelyn (n. en Brasil en 1950), apellido de soltera Pedersen y Pedro (1944-97), n. en Argentina. Misioneros a Argentina desde 1972. Iglesia enviadora: Filadelfia, Kristiansand.

Drageland, Signora (1895-1947), apellido de soltera Tjelsund. Primera vez a Argentina en 1929 con apoyo económico por amigos en Noruega y Suecia.

Dysjaland, Tone (n. en 1965). A Argentina en 1991 bajo los auspicios de las Asambleas Evangélicas Libres. Iglesia enviadora: Ebeneser Verdalen, Jæren.

Edvardsen, Ranveig Annie (1933-2016). Primera vez a Argentina en 1964. Iglesia enviadora: Tabernaklet, Skien.

Elvik, Frank (n. en 1965) y Solfrid (n. en 1965). A Argentina bajo los auspicios de las Asambleas Evangélicas Libres en 2001. El apellido de Solfrid es ahora Anglevik Træet. Iglesia enviadora: Sion, Mosterhamn.

Emberland, Ella (1929-2016), apellido de soltera Ritse. Como misionera, su apellido era Ritse, pero cuando más tarde se casó tomó el nombre de Ritse Emberland. A Argentina en 1959, y a Bolivia en 1961. Iglesia enviadora: Bærum pinsemenighet.

Enoksen, Margit (1916-98). Primera vez a Brasil en 1976. Iglesia enviadora: Filadelfia, Oslo.

Eriksen, Berit (1914-2013). Primera vez a Brasil en 1953. Iglesia enviadora: Tabernaklet, Bergen.

Eriksen, Erling (n. en 1944) y Solfrid (n. en 1945). A Perú en 1970 bajo los auspicious de Maran Ata. Iglesia enviadora: Maran Ata, Oslo.

Eriksen, Roar (n. en Ski en 1946) y Solfrid (n. en Oslo en 1947). Primera vez a Argentina en 1970. Iglesia enviadora: Betel, Ytre Enebakk.

Fereira, Hugo (n. en 1976) y Marianne (n. en 1973). A Paraguay en 2001. Iglesia enviadora: Filadelfia, Sarpsborg.

Figueredo, Candido (n. en 1955 en Paraguay) y Eva (n. en Bodø en 1945), apellido de soltera Sagen. Eva fue a Paraguay por primera vez en 1971 donde se casaron en 1973. Luego se mudaron a Noruega, hasta regresar a Paraguay como misioneros en 1979. Iglesia enviadora: Smyrna, Kirkenes. Más tarde, Betel, Nøtterøy se convirtió en su iglesia enviadora.

Flatland, Vigdis (n. en Rjukan en 1954). A Perú en 1975. Iglesia enviadora: Filadelfia, Rjukan.

Flatøy, Helge (n. en 1973). A Paraguay en 1999. Iglesia enviadora: Filadelfia, Kristiansand.

Forberg, Astrid (n. en Bø, Telemark en 1941). Primera vez a Paraguay en 1978. Iglesia enviadora: Filadelfia, Sarpsborg.

Førland, Aina (n. en Oslo en 1959), casada con Oscar Delgado en 1984. Es hija de Jorunn y Lars M. Førland. A Paraguay en 1982. Iglesia enviadora: Salem, Lørenskog. Fueron enviados juntos en 1986.

Førland, Jorunn (1935-2004), apellido de soltera Westli y Lars Meling (1934-2018). A Brasil en 1961 y luego a Paraguay en 1967. La iglesia que envió a Jorunn fue Salem, Lørenskog, mientras que fue Salem, Oslo la que envió a Lars.

Førland, Lars Morgan (n. en 1965) y Lourdes Nathalie (n. en 1966) Lars Morgan es hijo de Jorunn y Lars M. Førland y creció en Paraguay, mientras que Lourdes es paraguaya. Enviados por Salem, Oslo en 1990. La mayor parte del tiempo lo pasaron en Paraguay, pero también tuvieron 16 meses de práctica misionera en Saramiriza, Perú (1993-94), además de trabajar como misioneros en Piura /Ignacio Merino, Perú durante 2000-2003.

Fosli, Signe Marie (n. en 1966). A Paraguay en 1986. Iglesia enviadora: Filadelfia Dalen. Más tarde se casó y tomó como apellido Stenseth Fosli.

Fosse, Godtfred (n. en 1947) y Ragna Julianne (n. en 1949). Han sido misioneros en el Congo (1988-90) y Paraguay desde el año 2000 como profesores y como padres del internado en el colegio noruego. Iglesia enviadora: Filadelfia, Arendal.

Misioneros 147

Fumero, Lisbeth (n. en Halden en 1945), apellido de soltera Jensen y Mario (n. en 1940 en Cuba). Lisbeth fue enviada a Chile en 1966 por Salen, Halden. Mario había estado ministrando en diferentes países de América Latina desde 1964. En 1971 se casaron y se mudaron a Honduras como misioneros. En 1983 se trasladaron a España. Mario ahora vive en Honduras.

Gill, Gwen (n. en 1952) y Svein (n. en 1952). Enviados bajo los auspicios de las Asambleas Evangélicas Libres a Argentina en 1978. Iglesia enviadora: Betania, Lyngdal.

Granseth, Kolbjørn (1929-2019) y Margit (1926-2022). Enviados bajo los auspicios de Maran Ata a Perú en 1967 con el apoyo financiero de las iglesias de Maran Ata en Arendal y en parte de Telemark. También han sido misioneros en Bolivia y El Salvador.

Grønvold, Esther Sofie (1903-73), apellido de soltera Kihl y Sigurd (1904-32), n. en Røyken. Sigurd fue a Argentina como misionero en 1927 pero regresó poco después a Noruega. En 1930 partió nuevamente hacia Argentina. No se sabe si Esther lo acompañó.

Gundersen, Hilde Stuksrud (n. en 1964) y Ole Kristian (n. en 1964). A Paraguay en 1997. Iglesia enviadora: Misjonskirken en Kristian-sund. Hilde es hija de Ingrid y Knut Stuksrud. Su apellido ahora es Stuksrud.

Haddal Dyb, Liv Helene (n. en Sykkylven en 1946). Primera vez a Chile en 1973. Iglesia enviadora: Filadelfia, Ålesund.

Hansen, Kaleb Hindar (1911-1996). A Argentina en 1934. Estuvo en Paraguay durante 1937-38. Económicamente autosuficiente.

Håskjold, Reidun (n. en 1943) y Åge (n. en 1935). A Argentina bajo los auspicios de las Asambleas Evangélicas Libres en 1968. Iglesia enviadora: Klippen, Sætre en Hurum.

Haug, Håkon Arthur (1916-90) y Ruth Elisabeth (1917-2009), apellido de soltera Landmo; los padres de Liv Haug. Primera vez a Perú en 1975 para ayudar a Liv. Varios períodos de breve duración en Perú.

Haug, Liv Landmo (n. en Drammen en 1943). Primera vez a Perú en 1971. Iglesia enviadora: Filadelfia, Kristiansand.

Haug, Ruth (n. en Eidsberg en 1937). A Paraguay en 1975. Iglesia enviadora: Eben Ezer, Volda.

Hauge Karlsen, Signe Johanna (n. en 1940), apellido de soltera Hauge. A Chile en 1966. Iglesia enviadora: Tabernaklet, Bergen.

Haugsvær, Kari (n. en Høyland en 1940), apellido de soltera Opsahl y Ragnvald (n. en 1946). Kari fue a Bolivia por primera vez en 1967, mientras que salieron juntos en 1995. Iglesia enviadora: Zion,

Henriksen, Else-Marie (n. en 1950). A Paraguay en 1985. Enviado por *PYM*.

Hjelpdahl, Alf (n. en Trondheim en 1937) y Gerd (n. en Orkdal en 1940). A Paraguay en 1978. Iglesia enviadora: Sørum pinsemenighet.

Hjelpdahl, Åslaug (n. en 1934). A Paraguay en 1978. Iglesia enviadora: Betel, Trondheim.

Hofstad, Jarle (n. en 1969) y Yngvild (n. en 1972). A Honduras bajo los auspicios de Juventud con una Misión en 1998. Permanecieron en Honduras hasta 2012.

Høiland, Arnt Rino (n. en 1972) y Rose (n. en 1974). A México bajo los auspicios de Juventud Con Una Misión en 2000. Después de un período en Noruega, salieron bajo los auspicios de las Asambleas Evangélicas Libres en 2002, pero aún en cooperación con Juventud Con Una Misión. Iglesia enviadora: Smyrna, Tønsberg.

Iversen, Gunvor Lilly (1930-2000), apellido de soltera Johansen y Josef Timoteus (1925-2006). Gunvor fue a Brasil por primera vez en 1955 y un año después a Paraguay. Después de casarse en 1961, fueron enviados juntos a Paraguay en 1962. Iglesia enviadora: Filadelfia, Sarpsborg.

Iversen, Heidi Eunice (n. en 1965). A Paraguay en 1987 y luego en 1992 a Argentina. Fue enviada por *PYM*. Sin embargo, cuando ella y su esposo fueron enviados a Kenia en 1999, Betania, Notodden fue su iglesia enviadora. Heidi es hija de Gunvor y Josef Iversen. Su apellido ahora es Viken.

Iversen, Levi Peter (n. en 1962) y Norma (n. en 1962). Levi Peter es hijo de Gunvor y Josef Iversen mientras que Norma es paraguaya. A Paraguay en 1995. Iglesia enviadora: Filadelfia, Sarpsborg de 1995 a 1998. Luego Salen, Halden se convirtió en la iglesia enviadora.

Janøy, Esther (n. en 1954), apellido de soltera Engh y Jostein (n. en 1946). A Paraguay en 1986. Iglesia enviadora: Tabernaklet, Skien.

Jelmert, Arve (n. en 1954). A Bolivia en 1981. Iglesia enviadora: Evangeliehuset Porsgrunn.

Jensen, Astrid Hennie (n. en 1936), apellido de soltera Woie y Roald Arthur (1932-2023). Primera vez a Argentina en 1972. Iglesia enviadora: Betel, Nordliland.

Jensen, Benjamin Oscar (n. en 1965) y Ragnhild Linda (n. en 1968), apellido de soltera Haugen. Benjamin creció en Argentina y fue enviado por primera vez como misionero a Paraguay y Bolivia durante 1986-88. Junto con Linda fue a Argentina en 1991. Su iglesia enviadora fue Filadelfia, Mysen, mientras que la iglesia enviadora de Linda fue Salen, Halden.

Jensen, Finn (n. en Eydehavn en 1938) y Hanne-Berit (n. en Mysen en 1940), apellido de soltera Johansen. Finn fue a Argentina por primera vez en 1962. Su iglesia enviadora fue Filadelfia, Eydehavn. Hanne-Berit fue a Argentina por primera vez en 1964. Tenía la misma iglesia enviadora.

Jensen, Kari (n. en 1967) y Kai Roger (n. en 1967). A Paraguay en 1998. Iglesia enviadora: Filadelfia, Askim.

Jensen, Sara (n. en 1994). A México bajo los auspicios de Back2Back Ministries en 2019. Iglesia enviadora: Sentrumskirken, Strømmen.

Johannesen, Elsa Palma, apellido Øgaard después de casarse (n. en Kristiansand en 1950). A Argentina en 1981. Iglesia enviadora: Filadelfia, Kristiansand.

Johansen, Astrid (n. en Fredrikstad en 1948), apellido de soltera Thorvaldsen y Kjell Arne (n. en Sarpsborg en 1949). Primera vez a Paraguay en 1972. Iglesia enviadora: Filadelfia, Sarpsborg.

Johansen, Laila (n. en Sarpsborg en 1956). A Bolivia en 1984. Iglesia enviadora: Salen, Ulleroy.

Johansson, Ruth (1926-2023), apellido de soltera Ingelsrud. Primera vez a Brasil en 1951. Iglesia enviadora: Filadelfia, Vestmarka.

Johnsen, Berger N. (1888-1945). Misionero a Argentina desde 1910, fundó la estación misionera en Embarcación.

Jones, Klara Ellen (1922-99), apellido de soltera Hansen y Spencer Norman (1916-85). Anteriormente habían sido misioneros en la India. Llegaron a Trinidad en 1955 y permanecieron hasta 1957.

Jorud, Anne Lise (n. en Eidanger en 1944), apellido de soltera Langangen y Ole Johannes (n. en Trøgstad en 1940). Primera vez a Paraguay en 1974. Iglesia enviadora: Trøgstad pinsemenighet.

Juliussen, Gunn Lisbeth (n. en 1953), apellido de soltera Hjertebråten y Johan Isak (n. en 1955). A Paraguay en 1986. Iglesia enviadora: Råde pinsemenighet.

Kihle, Ragnhild (n. en 1934). Ex-oficial del Ejército de Salvación y misionera en Brasil desde 1969. Enviada bajo los auspicios de las Asambleas Evangélicas Libres a Brasil en 1981. Iglesia enviadora: Betel, Horten.

Kjellås, Ruth (1900-68), n. en Trøgstad. A Brasil en 1956. Fue a Paraguay al mismo año. Iglesia enviadora: Filadelfia, Sarpsborg.

Krogtoft, Birgitte (n. en Vestvågøy en 1959). A Perú en 1983. Iglesia enviadora: Betel, Nordliland. Más tarde se casó con David Lindgren de Suecia.

Kvalsund, Flora Heredia (n. en Riberalta, Bolivia en 1951) y Oddvar (n. en Herrøy, Sundmøre en 1942). Flora es boliviana y fue a Noruega junto con Ada y Jan Bjørfjell. Primera vez a Paraguay en 1976. Iglesia enviadora: Betania, Brevik.

Kvarstein, Kjell Torgeir (n. en 1949) y Luisa Ester de Navarro (n. en 1955 en Paraguay. A Paraguay en 1991. Iglesia enviadora: Klippen Pinsemenighet, Bykle. Kjell había estado en Paraguay antes de eso.

Langåker, Irene (n. en 1977) y Jan André (n. en 1971). A Argentina bajo los auspicios de las Asambleas Evangélicas Libres en 2006. Iglesia enviadora: Saron, Åkrehamn.

Larsen, Brit-Lajla (n. en Tranøy en 1946) y Rudolf Leif (n. en Bodø en 1948). Primera vez a Paraguay en 1976. Iglesia enviadora: Filadel-fia, Bodø.

Larsson, Solveig (1907-37), n. en Oslo, apellido de soltera Hansen. A Argentina en 1936. Iglesia enviadora: Filadelfia, Charlottenberg, Suecia. Casada con Evert Larsson de Suecia.

Lie, Gunn Elisabeth (n. en Svarstad en 1949). Primera vez a Bolivia en 1974. Iglesia enviadora: Betania, Notodden.

Lie, Synnøve (n. en 1956). A Bolivia en 1982. Iglesia enviadora: Saron, Hokksund.

Lund, Judith (n. en 1953). A Paraguay en 1982. Enviada por *PYM*.

Madsen, Mildrid (1924-2016), n. en Gamvik. A Paraguay en 1983. Económicamente autosuficiente.

Mangersnes, Franz Johan Wolf (1912-2001). Primera vez a Brasil en 1948. También ha sido misionero en Argentina y Paraguay. Iglesia enviadora: Bærum Pinsemenighet.

Maruyama, Shigeji (n. en Osaka, Japón en 1931) y Ågoth (1915-2001), apellido de soltera Berge. Ågoth había sido anteriormente misionera en China y Japón. Primera vez a Brasil en 1962, luego nuevamente a Japón. Iglesia enviadora: Klippen, Sandnes.

Midtun, Kristine (n. en 1974) y Rune (n. en 1973). A Brasil bajo el auspicio de las Asambleas Evangélicas Libres en 1994. Iglesia enviadora: Eben Eser, Skudeneshavn.

Mjåland, Anna (n. en Åseral en 1937). Primera vez a Paraguay en 1975. Iglesia enviadora: Eben Eser, Volda.

Mjåvatn, Helga (1904-73), n. en Østre Moland. Primera vez a Argentina en 1937. Iglesia enviadora: Filadelfia, Hamar.

Moen, Marit (n. en 1947). A Argentina bajo los auspicios de las Asambleas Evangélicas Libres en 1973. Iglesia enviadora: Salem, Mjøndalen. A España bajo los auspicios de *Pinsebevegelsen* con Betania, Mjøndalen como iglesia enviadora.

Mølland, Borgny (1937-2023). Casada con Antonio Barbosa Da Silva luego de cumplir su período misionero. Utiliza Mølland Barbosa Da Silva como apellido. A Bolivia en 1966. Iglesia enviadora: Filadelfia, Kristiansand.

Mondaca Cabrera, Eduardo (n. en 1961) y Doris Nuñez (n. en 1963). A Chile en 1998. Iglesia enviadora: Filadelfia, Kristiansand.

Moseid, Dag Helge. (n. en 1950). Primera vez a Bolivia en 1984. Iglesia enviadora: Betania, Tønsberg.

Mossberg, Hardy Wilhelm (1902-82), n. en Halden y Karin Maria Eleonora (1901-83), n. en Estocolmo, apellido de soltera Lundberg. Primera vez a Chile en 1947. Iglesia enviadora: Salen, Halden.

Næsland, Geir (n. en 1952). A Brasil bajo los auspicios de las Asambleas Evangélicas Libres en 1984. Iglesia enviadora: Betel, Horten.

Navarro Rivera, Claudio José (n. en Valparaíso, Chile en 1953) y Else Margrethe Navarro (1947-2024), n. en Oslo, apellido de soltera Ekornaas. Else fue a Chile por primera vez en 1974, enviada por Salem, Oslo. Desde su matrimonio, ambos han tenido a Salem, Oslo, como su iglesia enviadora.

Nilsen, Ann Merete (n. en 1974). A Paraguay en 2001. Iglesia enviadora: Lista Pinsemenighet.

Nilsen, Astrid (1935-2020), n. en Skjeberg, apellido de soltera Myhrvold. A Paraguay en 1966. Iglesia enviadora: Philadelphia, Seattle, EE UU.

Nordfjell, Anne Groven (n. en 1965). A Paraguay en 1994. Iglesia enviadora: Filadelfia, Namsos.

Norheim, Bergljot (1914-96), n. Nordmoen y Olav (1915-1997), n. en Nes, Romerike. Bergljot fue por primera vez a Paraguay en 1952. También sirvió en Argentina. Iglesia enviadora: Vestby evangeliske menighet, Trysil. Olav fue a Paraguay por primera vez en 1964. Iglesia enviadora: Betel, Haga.

Nysand, Marit (n. en 1960) y Stefan (n. en Finlandia en 1961). A Brasil bajo los auspicious de las Asambleas Evangélicas Libres en 1990. Iglesia enviadora: Arken, Sira.

Nyseter, Gustav (1886-1961) y Laura (1881-1930), n. en Steigen, apellido de soltera Volden. En 1921 fueron a Alaska donde Laura falleció. Gustav volvió a Noruega en 1930. Ninguna iglesia enviadora.

Olsen, Sally (1912-2006), n. en Bergen. Misionera a Puerto Rico desde 1952. Fundó Rose of Sharon Foundation, con apoyo económico desde Noruega y EE UU.

Omdal, Anette (n. en 1983) y Øyvind (n. en 1978). A Bolivia en 2005. Iglesia enviadora: Betania, Sokndal.

Opheim, Gunnvald (n. en Follafoss en 1930) y Julie-Maria (1934-87). Primera vez a Argentina en 1956, y luego a España. Iglesia enviadora: Vestby pinsemenighet.

Overhalden, Rigmor Margrethe (n. en Lillehammer en 1942), apellido de soltera Smelien y Thorleif (n. en Lillehammer en 1943). Primera vez a Paraguay en 1973. Iglesia enviadora: Betania, Fjellstrand.

Øvrum, Ingjerd (n. en Porsgrunn en 1943). A Argentina en 1967. Iglesia enviadora: Tabernaklet, Skien.

Øya, Helge Magne (n. en Notodden en 1940) y Martha (n. en Hammerfest en 1938), apellido de soltera Kvalsvik. Martha fue a Argentina por primera vez en 1968. Salieron juntos en 1973. La iglesia que envió a Helge Magne fue Evangeliehuset, Porsgrunn, mientras que Martha fue enviada por Filadelfia, Alta.

Øyrås, Solveig (1938-2013), n. en Froland. A Paraguay en 1968. Iglesia enviadora: Filadelfia, Arendal.

Pedersen, Adela Sofía Draganchuk (n. en Buenos Aires, Argentina en 1958) y Carlos (n. en Embarcación, Argentina 1954). Carlos es hijo de Per y Palma Pedersen. Misioneros a Argentina desde 1977. La iglesia que envió a Adela fue Vestby pinsemenighet, mientras que Carlos fue enviado por Sion, Lindesnes.

Pedersen, Cyril (n. en Narvik en 1944) y Mirtha Josefa Ebeling (1946-2024), n. en Argentina. Cyril es hijo de Per y Palma Pedersen. Misioneros a Argentina desde 1964. Iglesia enviadora: Tabernaklet, Skien.

Pedersen, Karin (n. en 1954) y Samuel (n. en Argentina en 1963). Samuel fue enviado a Argentina en 1982 y Karin como misionera pentecostal sueca en 1981. Se casaron en Argentina en 1983. La iglesia enviadora de Samuel fue Sion, Lindesnes, mientras que Karin fue enviada por la iglesia pentecostal en Järbo, Suecia.

Pedersen, Palma Louise (1924-2012), apellido de soltera Halvorsen y Per Adrian (n. en Skien 1918-2012). A Brasil en 1949. Ese mismo año fueron a Argentina ministrando en Embarcación hasta su jubilación. La iglesia enviadora de Palma fue Vestby Evangeliske menighet, Trysil, mientras que Per fue enviado por Tabernaklet, Skien.

Pedersen, Torkel (n. 1962). A Trinidad en 1996 con su esposa Kathleen, quien nació allí. Juntos construyeron un centro de rehabilitación para drogadictos. Fueron apoyados tanto por el Evangelisenteret como por Tabernaklet, Bergen.

Pettersen, Arild (n. en 1949) y Nilda (n. en Paraguay en 1965). Arild fue a Paragauay en 1996. Iglesia enviadora: Sion, Vanse.

Pettersen, Elsa Karin (1950-2019) y Gunnar (1953-2016). Gunnar fue a Paraguay en 1985 y Elsa al año siguiente. Iglesia enviadora: Sion, Voss.

Pettersen, Gottfred Leonard (1907-95) y Ragna (1903-83), n. en Brandval, Solør, apellido de soltera Sjølie. Primera vez a Brasil en 1936; luego a Bolivia en 1953. Iglesia enviadora: Salen, Ski.

Raaholdt, Nils Emanuel (1932-2000). A Bolivia en 1973. Iglesia enviadora: Filadelfia, Oslo.

Ranta, Kari Juhani (n. en 1967) y Marka Eeva Anneke R. (n. en 1965). A México en 1997. Iglesia enviadora: Filadelfia, Oslo.

Ringås, Astrid Elisabeth Iversen (n. en 1964) y Tore-Bjørn (n. en 1965). A Argentina en 1991 y luego a Paraguay en 1995. Astrid es hija de Gunvor y Josef Iversen. Iglesia enviadora: Filadelfia, Elverum.

Røine, Finn (n. en Hønefoss en 1946) y Reidun (n. en Borge, Lofoten en 1942), apellido de soltera Berntzen. Primera vez a Bolivia en 1977. Finn fue enviado por Filadelfia, Hønefoss mientras que Reidun fue enviada por Betel, Vestfossen.

Røine, Jael Dayer de (n. en 1977) y Per Morten (n. en 1973). Per Morten es hijo de Finn y Reidun Røine. Finn fue a Bolivia en 1995. Su iglesia enviadora fue Betel, Vestfossen. En 1998 se casó con Jael en Argentina, y volvieron a Noruega en 2002.

Samuelsen, Roger (n. en Halden en 1946) y Solveig Maria (n. en Lårdal en 1949), apellido de soltera Helgestad. Solveig fue a Bolivia por primera vez en 1969 y Roger en 1971. Iglesia enviadora: Salen, Halden.

Sandli, Birger (1942-2018) y Britt (n. en 1949). Primera vez a Argentina en 1978. También han sido misioneros en Nicaragua y Guatemala. Iglesias enviadora: Salem, Grorud y Bærum pinsemenighet.

Sandli, Elisabeth (n. en 1978) y Roberto (n. en 1978). Roberto es hijo de Birger y Britt Sandli. A Guatemala en 2000. Iglesia enviadora: Filadelfia, Ålesund.

Sjølund, Kjellaug Palma (n. en 1942). Primera vez a Paraguay en 1969. También ha sido misionera en Brasil. Iglesia enviadora: Salem: Skudeneshavn.

Skau, Karin (n. en 1946). A Puerto Rico en 1967. En 1975 fue casada con Egil Mentzen (1944-2003), quien llegó a Puerto Rico al mismo año. Desde entonces se volvió a casar. Su apellido es ahora Skau Colón.

Skoland Stø, Berit (n. en Flekkefjord en 1946), apellido de soltera Stø. A Bolivia en 1969. Iglesia enviadora: Salen, Flekkefjord.

Skretting, Gunvor (n. en Sandnes en 1948), apellido de soltera Hegrestad y Ingvald (n. en Sandnes en 1948) Primera vez a Paraguay en 1972. Iglesia enviadora: Klippen, Sandnes.

Skretting, Olav (n. en 1970) y Sheila Ann (n. en 1964). Olav es hijo de Gunvor y Ingvald Skretting. A Paraguay en 1994. Iglesia enviadora: Betesda pinsemenighet, Heddal.

Skrøvje, Anita (n. en 1968), apellido de soltera Solås y Jan Bjarne (n. en 1965). A Argentina bajo los auspicios de las Asambleas Evangélicas Libres en 1993. Iglesia enviadora: Betania, Vigeland.

Smidsrød, Jan (n. en Tønsberg en 1960) y Åse-Miriam (n. en Bolivia en 1959). Ella es hija de Erling y Marita Andreassen. Primera vez a Bolivia en 1987. Iglesia enviadora: Betania, Tønsberg.

Solås, Berner (n. en 1944) y Olaug (n. en 1945). A Argentina bajo los auspicios de las Asambleas Evangélicas Libres en 1972. Iglesia enviadora: Klippen, Veavågen.

Sørheim, Anna (1894-1986), n. en Lanvetter, Suecia, apellido de soltera Johannesson y Jahn (1899-1964). Después de completar la Escuela de Entrenamiento de Oficiales del Ejército de Salvación en 1922, Jahn fue enviado como misionero salvacionista en 1924. Fue a Suecia en 1929 y regresó a Brasil un año después, donde se convirtió en misionero pentecostal. En 1932 se casó con Anna en Rio de Janeiro.

Spjøtvold, Henry (1938-91) y Ruth Mildred (n. en Bergen en 1942) Ex-misioneros a Argentina bajo los auspicios del Ejército de Salvación; misioneros a Argentina representando *Pinsebevegelsen* desde 1964. Henry fue enviado por Klippen, Sandnes mientras que Mildfred fue enviada por Zion, Stavanger.

Standal, Geirr (n. en 1972. A Brasil bajo los auspicios de las Asambleas Evangélicas Libres en 2000. Después de casarse con Eva (n. 1977) en 2002, apellido de soltera Gamst, salieron juntos en 2003. Iglesia enviadora: Betania, Spangereid.

Standal, Gunnar (n. en 1945) y May-Lise (n. en 1944). A Brasil bajo los auspicios de las Asambleas Evangélicas Libres en 1969. Iglesia enviadora: DFEF, Drammen.

Steger, Hanne Synnøve Førland (n. en 1962). A Paraguay en 1987, enviado por *PYM*. Hanne es hija de Jorunn y Lars Førland. En Paraguay estuvo casada con Reinaldo E. Dure Steger (n. en 1962), quien al igual que ella trabajaba en el Hogar Norma.

Stensland, Frank (n. en 1967) y Marion (n. en 1972). A Bolivia en 1999. Iglesia enviadora: Sion, Sellebakk.

Stigen, Asta (n. en Egersund 1930), apellido de soltera Hadland. A Bolivia en 1964. Iglesia enviadora: Evangeliehuset, Egersund.

Stø, Greta (1937-2022), apellido de soltera Pettersen y Helge (1938-2017). Primera vez a Bolivia en 1964. Greta fue enviada por Sion, Vikna mientras que Helge fue enviado por Salen, Flekkefjord.

Stokland, Karl (n. en 1959) y Turid Dahl Stokland (n. en 1955). Turid fue a Brasil bajo los auspicios de las Asambleas Evangélicas Libres en 2002. Iglesia enviadora: Klippen, Vedavågen. En 2006 se casó con Karl, quien a partir de ese momento trabajó junto a ella en Brasil.

Strømsrud, Anna Pauline (1930-2006). Primera vez a Paraguay en 1961. Iglesia enviadora: Eben-Eser, Lårdal.

Stuksrud, Arne (n. en 1963) y Marie Ask (n. en 1963). A Argentina en 1989. Iglesia enviadora: Saron, Sotra.

Stuksrud, Ingrid (n. en Lillehammer en 1935), apellido de soltera Overhalden y Knut (n. en Gausdal en 1934). Primera vez a Paraguay en 1967. Iglesia enviadora: Evangeliesalen, Lillehammer.

Talaasen, Per G. (1888-1972), n. en Trysil. Fue a Argentina en 1917, pero regresó a Noruega después de un año debido a que contrajo malaria.

Tande, Sara (n. en 1985) y Torbjørn (n. en 1979). A México en 2009 para trabajar con niños huérfanos bajo los auspicios de Back2Back Ministries y Juventud con una Misión. Iglesia enviadora: Betania, Stathelle.

Thoresen, Eldbjørg, (n. en Bergen en 1945), apellido de soltera Aase y Thor Johnny (n. en Halden en 1946). Thor Johnny fue a Chile en 1968 y Eldbjørg un año después. Eldbjørg fue enviada por Tabernaklet, Bergen mientras que Thor Johnny fue enviado por Salen, Halden.

Thorjussen, Helge (n. en 1946) y Turid Haave (n. en 1947). A Bolivia en 1990, aunque habían estado visitando el país en 1980, 1981 y 1985. Iglesia enviadora: Tabernaklet, Skien.

Thorhildsen, Lorentze Wilhelmine (1905-81), n. en Svolvær. Primera vez a Brasil en 1946. Iglesia enviadora: Filadelfia, Oslo.

Tolleshaug, Bjørg (n. en Tvedestrand en 1936). Primera vez a Bolivia en 1966. Iglesia enviadora: Filadelfia, Alta.

Tønnesen, Per (n. en 1952) y Torill (n. en 1954). A Argentina bajo los auspicios de las Asambleas Evangélicas Libres en 1990. Iglesia enviadora: Betania, Arendal.

Torgrimsby, Tone. (n. en Oslo en 1954). A Bolivia en 1979. Iglesia enviadora: Filadelfia, Oslo.

Torkelsen, Jorunn (n. en 1977). A Argentina bajo los auspicios de las Asambleas Evangélicas Libres en 2003. Su apellido ahora es Sortland. Iglesia enviadora: Sion, Mosterhamn.

Tørre, Berit (n. en 1967) y Håvard (n. en 1964). Håvard es hijo de Berit y Torstein Tørre. A Argentina en 1991. Iglesia enviadora: Betania, Fjellstrand.

Tørre, Berit Ellinor (n. en Skien en 1942), apellido de soltera Langerud y Torstein (1941-1989). Primera vez a Bolivia en 1968. Iglesia enviadora: Tabernaklet, Skien. Eran padres del internado en la escuela noruega de Paraguay a principios de los años 1980. Después de la muerte de Torstein, Berit se volvió a casar y tiene Stokset como apellido.

Tørre, Vegard (n. en 1968) y Aija (n. en 1978), n. en Letonia. A Bolivia en 1992. Vegard es hijo de Berit y Torstein Tørre. Iglesias enviadoras: Tabernaklet, Skien de 1992 a 1994 y Pinsemenigheten i Kviteseid de 1998 a 2006.

Urevatn, Odd-Jan. (n. en 1953) y Turid (n. en 1955). A Argentina bajo los auspicios de las Asambleas Evangélicas Libres en 1987. Iglesia enviadora: Betesda, Eiken and Eben Ezer, Byremo.

Vatne, Ingrid (n. en Forsand en 1945), apellido de soltera Helmikstøl y Reidar (1943-2021), n. en Strand. Primera vez a Bolivia en 1974. Fueron a Perú en 1993 y volvieron a Bolivia en 1996. Iglesia enviadora: Klippen, Jørpeland.

Vedøy, Edel (1946-2019) y Sverre (n. en 1945). A Argentina bajo los auspicios de las Asambleas Evangélicas Libres en 1992. Iglesia enviadora: Saron, Åkrehamn.

Vervik, Leif Gunnar (n. en Jørpeland en 1953) y Oddbjørg (n. en Bergen en 1953), apellido de soltera Wergeland. Primera vez a Perú en 1973. Iglesia enviadora: Klippen, Jørpeland.

Vevang, Jakob (1919-2022). A Paraguay en 1973. Iglesia enviadora: Betania, Kristiansund.

Wåle, Karl Agnar (n. en 1967) y Åshild Viken (n. en 1965). A Paraguay en 1999. Åshild, sin embargo, estuvo un año en Paraguay en 1984. Iglesia enviadora: Notodden pinsemenighet.

Westgård, Gunvor (n. en Tolga en 1936). Primera vez a Paraguay en 1969. Iglesia enviadora: Røros og omegn pinsemenighet.

Wilhelm, Eva Alise (n. en Buksnes, Lofoten en 1938) y Rudolf (n. en St. Antonien, Suiza en 1939). A Honduras en 1966, y luego a Perú en 1972. Iglesia enviadora: Filadelfia, Alta.

Wilhelmsen, Kåre (1922-83) y Jean (1913-84), apellido de soltera Mitchell. Habían sido misioneros en la India pero fueron a Trinidad en 1954. Permanecieron en Trinidad hasta 1960. A partir de ese momento fueron misioneros en varios países asiáticos.

Winsvold, Anne (1908-93). Ha pasado breves temporadas en Paraguay. Económicamente autosuficiente.

www.ingramcontent.com/pod-product-compliance
Lightning Source LLC
Chambersburg PA
CBHW071719090426
42738CB00009B/1814